JN217964

月星座占い

キャメレオン竹田

月を味方にすれば
運命は変えられる

実業之日本社

❨ はじめに

あなたは、あなたをちゃんと生きているでしょうか？
あなた自身の「今」を、楽しく生きているでしょうか？

　人から言われたことに従って生きていたり、嫌われたくないからと本当の自分を偽ったり、周りと自分を比べて落ち込んだり、「なぜこの人はこうなの？」と人のことにとらわれていたりはしないでしょうか？

　いつも心に葛藤を抱えていたり、過去を後悔したり、未来の不安を憂いたり…もし、このような気持ちで「今」を楽しく生きていないのだとしたら——**それは、あなたが、あなたの月を無視して生きているからです。**

　月には、あなたが「本当のあなた」を生きる道を知らせてくれる機能があります。それを無視して、世間の常識や情報、人からの指示や思い込みなどを優先していると、あなたの月は鈍ってしまい、あなたは「本当のあなた」を見失ってしまうでしょう。

　自分の月を思い出せば、自分に必要なことがピピピッと明確にわかるようになるだけでなく、あなたに必要な人やもの、情報や環境などが、自然とむこうから集まって来るようになるのです。

　そうです！　**どんどん願いが叶うようになっていくの**

です。そしてそのスピードも、どんどん速くなるのです。

　一方、月を抑えこんだりないがしろにして生きていると、今の自分を楽しめず、過去や未来、そして自分以外の周りばかりが気になります。いつも満たされない自分を抱えていて、満たされない部分を「人から吸う」という良くないエネルギーの流れを生むことすらあるでしょう。

　そんな自分に、素敵な人が集まり、素晴らしい人間関係が築けるでしょうか？　そう、類は友を呼び、同じように月をないがしろにしている人ばかりを呼び込んでしまいます。

　逆に、月を味方にしている人は、とても魅力的で、自然と素敵な仲間に囲まれていくのです。

　さあ、あなたも、自分の月を知って、自分をもっと愛して、自分の魅力をもっといかしてください。

　そうすると、運を自在に操れるようになります。

　そうすると、願いがどんどん叶うようになります。

　そうすると、人生が楽しくてしかたがなくなります。

　そうです！　素敵な世界が始まるのです。

　月を味方にした今、このときから。

CONTENTS

第1章

本当の
あなたがわかる
月星座とは？

☽ あなたの本当の性格は、月星座で決まる

あなたは、自分の「月星座」を知っていますか？

ふだん「私は○○座です！」と認識している星座は、あなたが生まれたときに、太陽がその星座の方向にあったことを意味しています。以下、これを太陽星座といいます。

一般的な星占いでは、自分の太陽星座で、性格や相性、運勢や毎月の占い、毎年の占いなどをチェックしているわけです。

しかし実は、太陽星座というのは、あなたの外面や外に現れやすい部分を表すもので、あなたの内面、つまり心や深層意識を表すのは「月星座」です。あなたの種や核となる部分は、月星座が司っているということなのです。

月星座とは、あなたが生まれたときに月がその方向にあったことを意味していて、自分の月星座を知っている人は、それほど多くはいないかもしれません。

だからこそ、この機会に自分の月星座を知って、「月」をいかして生きていくことを強くおすすめします。

太陽は、外面の性格であり、顕在意識であり、人生の方向性や向かっていく未来を担当していて、元気なときやテンションが高いとき、社会と接しているときに出てきやす

いものです。

一方、月は、本当の性格であり、心と体、潜在意識、プライベート全般、そして過去の記憶なども担当しているので、リラックスしているときやなにも考えていないとき、いわゆる「素の状態」や、ブルーな気持ちのときに自動的に顔を出す、本来のあなたなのです。

たとえば、太陽星座が「水瓶座」で、月星座が「蠍座」のあなたがいるとします。水瓶座生まれは、あまり感情をあらわにせず、人とは一定の距離感を保ち、個性を発揮してひょうひょうと生きていくタイプです。ところが、自信をなくしたり、ダメージ受けたりして落ち込むと、とたんに月蠍座が登場して、心を開いている人にベッタリとくっついたりします。

木でたとえると、月は根っこの部分で、太陽はそれより上の、幹や枝や葉や花、そして実なのです。
ふだんは、太陽の部分しか目には見えません。でも、根っこが、木を支えているのです。
根が弱ってしまったら、いくら立派な木でも枯れてしまうでしょう。

☾ あなたの「月」は弱っていませんか？

　月星座は、目に見えず、意識していなくても、実はあなたの心と体にしっかりとリンクしています。

　月の状態が良いと、人生の方向性や未来を表す太陽も、==イキイキと自分のものにしていくことができます==。
　しかしながら、月の状態が良くないと、あなたは月どころか太陽も、ろくに使いこなすことができなくなるのです。
　無理やり太陽を演じていくことはできますが、月を見て見ぬふりを続ければ、あなたの根っこは悲鳴をあげます。さらに、ポジティブな自分を演じたりすれば、月はますます疲弊していくでしょう。

　だって、そうですよね！

　根がクタクタなのに、元気な木が育つわけはありません。イキイキとした葉をはやし、花を咲かせることが厳しくなっていくのはあたりまえのことなのに…
　それなのに、見て見ぬふりをしている人がとても多い！それが、現実なのです。

さて、弱っている月を、そのままにしておくとどんなことが起きるでしょうか？

自分で立っていられなくて、ほかの木によりかかる
　⇒依存

「誰かが水を与えすぎて腐ってしまったのかもしれない」と他人のせいにしたり、「日陰だからしかたない」と環境のせいにする
　⇒責任転嫁

ほかのイキイキした木を見ては、うらやましがったり、悪口を言う
　⇒嫉妬・愚痴

「どうせ自分の木はダメなんだよ！」などと嘆く
　⇒不平不満・泣き言

「無理して花を咲かせるのは、やっぱりやめておけばよかった」と振り返る
　⇒過去ばかりに注目・後悔

「もっと枯れてきたらどうしよう？」と憂う
　⇒未来ばかりに注目・不安・心配

などといった具合に、「今」を楽しく生きようとしなくなります。自分で自分の責任を取れないばかりか、エネルギーを消耗して、足りないエネルギーを人から吸おうとする「吸血鬼状態」になってしまいます！

　これでは、真に自分が満たされることはありません。

☾ 大切な「波動」の中心にあるのは、月です

　少し「波動」のお話をします。

　目には見えないものですが、この世のあらゆるものが、実は「波動」を発しています。そしてお互いに、その波動に感応し合っているのです。

　ピンとくる、ワクワクする、この人とは気が合う・馬が合う…これらは波動がかみ合っているときの現象で、なんだか気がすすまない、気分が乗らない、あの人は感じ悪い、会いたくない…これらは波動がかみ合っていない現象です。

　月をないがしろにして、満たされていないあなたからは、良くない波動が出てしまいます。すると、良くない状況があなたの目の前に現れるのです。

　また、言葉にも波動が乗るので、不平不満、愚痴、泣き言などは、言えば言うほど状況は悪くなり、心配も、すれ

ばするほど不安が現実となるできごとが起こってしまいます。まさに、悪循環です。

　月は波動の中心にあるのです。

　あなたが月を大切にして、心地いい！と感じていると、あなたからは良い波動が出ます。
　月をないがしろにして、居心地の悪さや生きづらさを感じていると、あまり良い波動は出ません。
　あなたから良い波動が出れば、同じ波動が共鳴し合って集まって来るので、良いことを引き寄せます。反対に、良くない波動が出れば、良くないことを引き寄せるのです。

　自分の月を知って、満たすことができれば、あなたの根っこは健康になります。
　本当の自分を生きることができるようになり、知らず知らずのうちに、安心・幸せ・ワクワクなどの素敵な波動が出始めます。もれなく幹・枝・葉・花がイキイキしてくるでしょう。

　すると、あなたに起こる現象が変わってきます。どんなことが起こってくるかというと…

- シンクロニシティ（意味のある偶然の一致）が起きやすくなる
- 健康的になる
- 運の流れが良くなる
- 直感力が増す
- あなたに合った仲間に恵まれる
- ソウルメイトを引き寄せる
- いつのまにか願いが叶うようになる！
- 願いが叶うスピードや展開が加速する！
- 望む人や望む未来がむこうからやってくるようになる
- 自分らしさを発見し、本当の自分に出会える！

いいことがたくさん起きそうですね！

また、今までよぶんに使っていた大切なエネルギー（愚痴、泣き言、不平不満、嫉妬、心配…）を、あなた自身のため、あなた自身を変えるため、あなたの世界を素敵に変えるために使っていくことができるようになります。

そうすれば、いろいろなことがものすごい勢いで加速していくのを目の当たりにするでしょう。

あなたが素敵になれば、あなたはそのパワーを周りに分けてあげることだってできるのです。これが連鎖していけ

ば、みんなが幸せになります。家庭平和・社会平和・ひいては世界平和にもつながっていくのです。

　<mark>月を制する者は、運命を制するのです。</mark>
　そして、ようやくわかってきたかと思いますが、あなたを本当に満たすことができるのは、実は、ほかにはいないのです。あなた！　あなただけなのです！

　月の状態が良くないままで、運やツキを引き寄せようとがんばってみても、なかなかうまくはいかないでしょう。
　実は、これを知らないでいる人は多いので、あなたには知ってほしいのです！

☾ 本当の相性は、月星座がポイントに

　人とつき合うときに、最初から完全自然体の自分を出す人はめったにいませんよね。ある程度仲良くなったり、近しい関係になってくると、素の状態、本当の自分、つまり「月」の部分を出していくものです。

　表面上の相性は、雑誌などでおなじみの太陽星座同士の占いでOKです。しかしながら、<mark>深くかかわっていく人との相性なら、月星座がとても大事</mark>になってきます。
　というわけで、月星座同士の相性を見ていきましょう。

まず、行動パターンについて知っておきましょう。

12星座は、**活動、不動、柔軟**という３つの行動パターンに分けられます。

☆活動星座………牡羊座・山羊座・天秤座・蟹座
　次から次へと新しいことを仕掛けていったり、積極的に動いたりします。

☆不動星座………獅子座・牡牛座・水瓶座・蠍座
　同じことを繰り返したり、維持していく力があります。

☆柔軟星座………射手座・乙女座・双子座・魚座
　相手の出方に合わせたり、調整したりするのが得意です。

　そして、もうひとつ！
　それらの行動は、なにがスイッチになっているのかを知っておきましょう。

　それには、12星座を、**火・地・風・水**の４つのエレメンツでパターン分けします。

☆火の星座………牡羊座・獅子座・射手座
　ドキドキ、ワクワクといった心の燃え上がりがスイッチになります。

☆地の星座………山羊座・牡牛座・乙女座

現実的な価値や、手ごたえがスイッチになります。

☆風の星座………天秤座・水瓶座・双子座

情報の刺激や、おもしろさがスイッチになります。

☆水の星座………蟹座・蠍座・魚座

感動や同情、心を動かされることがスイッチになります。

　こうして見ていくだけでも、人が、どういった部分に響けば動いてくれるのかがわかってきますよね！

　それぞれの相性は、第2章に記しましたので、そちらを読んでください。

◖ 健康運も、月が司っている

　月は、健康にも密接に関係します。あなたの月星座によって、症状が現れやすい体の部分がわかるのです。

　月がしっかり満たされている場合は、その部分には問題はありませんし、健康でイキイキと過ごすことができるでしょう。逆に、その部分の調子が悪いときは、月が満たされていなかったり、月のパワーを見て見ぬふりをしていたり、月を押し殺していたりするので、そのお知らせ、月からの警告としても受け取れるでしょう。

　注意すべき体の部分についても、第2章をご覧ください。

☾ あなたの月（ツキ）をしっかり掴みましょう！

月（ツキ）を掴むコツは、**月というあなたの魂部分が、心地がいい！と感じること**がいちばん大事です。

月は、地球の周りを毎日回っている天体なので、つい、いつもと同じことを選択してしまったり、いつも同じところでつまずいてしまったり、いつもと同じパターンで辛い状態に陥ってしまうことが多いのです。

だからこそ、自分の月を知って、いつも陥るパターンから抜け出し、月に動かされる自分ではなく、月（ツキ）を自分のアイテムとして使えるくらいになることが大事です。

あなた自身が地球だと思ってみてください。

地球の周りを、月が回っているのです。

いろいろな人を見ていますが、なぜか、地球が月の周りを回って、月に振り回されている人が多いのです。それでは、すべてがおかしくなってしまいますよね！

あなたが今、月に振り回されている地球の状態だとしたら、苦しく、辛い状態かもしれません。そんなときは、辛い部分を癒やしたり、なにかを手放したりして、自分の月をフォローしていくことが、まずは先決！

この作業をしないで、いきなりワクワクモードにシフトチェンジすることは不可能です。

弱った土壌にまたなにかを植えても、うまく育ちません
よね。まずは、土壌を肥やし、整えることが大事なのです。

　月を理解して、月に振り回されず、本当のあなたを生き
ることができるようになっていくと、あなたは変わります。
　あなたが変わると、あなたから出る波動も良くなってい
き、あなたの周りも素敵な状態になっていきます。
　ポイントは、自分に起こるできごとについて、あなたは
どう感じているのか！というところをいつも意識しておく
ことです。そうすれば、あなたの月のセンサーが、さまざ
まなことを、あなたにいち早く教えてくれるでしょう。

　あなたの気分がいいこと！
　これは、あなたがあなたの人生で、するべきことをして
いるという証拠です‼
　あなたに月（ツキ）をしっかり掴んでもらい、本当のあ
なたを生きてもらうことが、この本の目的です！

　最後に、もうひとつ大事なこと。それは自分を知るには、
ほかの人も知っておいたほうがいいということです。
　人それぞれ感じ方、心の持っていき方は違いますので、
12星座、それぞれ全部読むことをおすすめいたします。

　それでは、あなたの月（ツキ）を掴みにいきましょう。

第2章

12の月星座で自分のすべてを知る

☾ まずは、自分の月星座をチェック！

　自分の月星座は、巻末の182ページ以降で調べることができます。

　月の運行表の見方、月星座の調べ方は182ページで詳しく説明していますので、そちらをご覧ください。

　あなたの月星座がわかったら、さっそくその月星座のところを読みましょう。それぞれの項目の読み方は23 〜 24ページで説明します。あなたや、あなたの大切な人を真に理解するためにお役立てください。

基本的な性格

　その月星座の人の、基本的な性質です。なお、月は無意識の領域を司るので、自分では気づかない意外な要素もあるかもしれません。

月を自分のものにできているとき

　今のあなたが、もし、ここに書かれている状態だと思えるなら、あなたは本来の自分としっかり繋がっています。運を掴みやすく、願いも叶いやすい状態にあると言えます。

月を自分のものにできていないとき

　今のあなたが、もし、ここに書かれている状態だとしたら、本来の自分とズレていて、苦しい状態にあります。月からの処方箋を読んで、少しずつ取り入れていくとよいでしょう。

健康

　本当の自分からズレた状態のままで生きていると、「あなたは本当のあなたとズレていますよ！」というお知らせとして、その月星座にリンクする部分に不調があらわれることがあります。月からの処方箋を読んで、本来の自分の軸に自分をチューニングしてあげてください。

月 か ら の 処 方 箋
自分の月をより自分のものにするには

　ここに書かれていることを意識して取り入れていくことで、自分の月、つまり、本来の自分を取り戻すことができるようになります。

月星座の相性

　あなたの持つ月の性質、つまり本性の部分は、表面的なつき合いではあまり出てきません。しかし、一緒にいる時間が長くなると、どうしても自動的に出てくるものです。いろいろなおつき合いの参考にしてください。

あなたへのメッセージ

　あなたが自分の月を理解したうえで、本来の自分として素敵に輝きますように！

　わたしからの応援メッセージです。

月が ♈ 牡羊座の人

♈ スピード感がある

月牡羊座の人は、魂が完全に体に入り切っていません。ですので、魂だけだったときの名残があります。

それは、思っただけでその場にワープする！ということです。しかし、今は人間なので、肉体がセットになっていてそうもいきません。

ここに行きたい！これを言いたい！これを書きたい！これをやりたい！など、一回スイッチが入ったら、いてもたってもいられなくなります。

そして、心が先走るのと、体の感覚が薄いので、体がなかなかあとをついてこない感じがあったり、現実的にはいろいろなところをぶつけたりしやすいです。また、文字を書くときも、思考のスピードにくらべ手の動きが遅くてイライラすることがあるかもしれません。

仕事やテストなども、スピードだけにとらわれすぎて、ケアレスミスが生じやすいタイプです。

♈ 直感力がすごい

直感が優れています。ナチュラルサイキッカーとでもい

いましょうか。

　でも、直感が降りてきたときにメモしておかないと、そのまま忘れてしまいます。

　豊富なアイディアマーシンなのです。

♈ 新しいことが好き

　新しいこと、新鮮なことで心のテンションが上がります。そして、新しいことを生み出すことにも長けています。

♈ 熱しやすく冷めやすい

　熱やすく冷めやすいところがあります。

　しかしながら、この性質があるからこそ、どんどん新しいことを発見できますし、生み出すことができるのです。

♈ 素直で純粋

　素直で純粋な心の持ち主です。その正直さが、表情や態度にそのまま出るので、何を考えているのか、周りから見てわかりやすい人が多いです。

♈ あまり根に持たない

　すごくイライラすることがあったとしても、ずっとそれを根に持つということはありません。その時だけボルテージがグッと上がりますが、後から冷静に考えることができます。

月を自分のものにできているとき

♈ チャレンジ精神旺盛

新しいことに飛び込んでいく勇気があり、何回失敗しても、それが成功するまで立ち向かうチャレンジ精神を発揮します。

♈ 有言実行

有言実行するので、周りからの信頼も厚く、自分にも自信を持つことができます。

♈ 自らチャンスを掴んでいく

行動力がとてもあり、スピード感もあるので、自らチャンスを掴んでいきます。

周りから見ていても気持ちがいいので、自然と応援団ができたりします。

♈ 直感ですかさずキャッチ

自分の直感力をうまく人生に取り入れているので、タイミングの良さや、ラッキーにめぐまれます。

♈ 反抗的になる

台風のように周りをとっ散らかす傾向があります。

もともと人に指示されるのがあまり好きではありません。ですから、なにか自分にとって都合の悪いことを言われたり、やりたくないことにつき合わされたりすると反抗的な態度をとります。

♈ 自分ができることを相手にも要求

自分のスピード感を周りにも押し付けていくので、対応が遅い人、話の展開が見えない人、要領が悪い人に対して、イライラしてしまいます。

♈ 自己中心的で、けんかっ早い

自分の感情をコントロールできなくなり、身近な人に当たってしまいます。

自分の不甲斐なさにイライラすることもあれば、イライラしているときには、相手の欠点ばかり目に入りよけいにイライラしてしまいます。

♈ 有言不実行

テンションが高いときに、気分だけでいろいろ言ってしまい、後になって面倒くさくなり、結局行動を起こさない

ことがあります。

　または、行動を起こしても「すごく面倒くさい！」と顔に出てしまいます。

♈ 思い立ったらそのままを口にする

　思ったことをそのまま言葉にしたり、その場のノリの発言で、相手の心を傷つけてしまいます。

　月牡羊座の人は、頭や目とリンクします。

　頭痛がするときや目の調子が悪いときは、本来の自分と少しずれている可能性があります。しっかり癒して軌道修正をしましょう。

月からの処方箋
自分の月をより自分のものにするには

🌙 思い立ったらすぐ行動を！

　月牡羊座の最大の才能である行動力を、どんどん生かしましょう！

　やってダメだったら、方法を変えたり、方向を変えたり、どんどん改良していけばいいだけです。行動することは基本的に大事ですが、とくに月牡羊座の人は、行動すればす

るほど運を掴んでいくことができるのです。

新しいことにトライしてみて

結果は考えずに、どんどん新しいことに飛び込んでいきましょう。

新しい人に会う、新しいものを使う、新しい場所に行く…など、自分にとって新しいというのがポイントです。

そこから、あなたのバージョンが上がる世界につながるようになっています。そして、新しい自分にもご対面！

自分の直感を信じましょう！

ピピピっときた直感をどんどん使っていきましょう。

そして、なにかの選択で迷っているときは、自分がワクワク＆ドキドキするほうを選んでいきましょう。

誰かの期待にそって選んだり、できない理由をならべて本当の気持ちに蓋をしたり、ずるずると保留にしておいたりしては、あなたに来た素敵な運を逃がしてしまいます。

直感にしたがった選択＆行動を迷わずしていきましょう。

イライラはパワーにシフトチェンジ！

なにかにイライラしたら、そのパワーをそのままその相手や、その場で爆発させずに、少し考えて、有意義な方向にいかしていきましょう。

その「なにくそ！」というパワーは、思った以上にもの

すごい瞬発力＆破壊力を持っています。仕事や、自分を高めることなどに使うと、ものすごくいい特効薬になるのです。

　そうすると、逆に、あのときの自分をイライラさせてくれた人や状況があったからこそ、こんなことができた！という結果と感謝を生み出します。

◗ パワーを行動にして、人に見せましょう

　月牡羊座の熱いパワーは、人に勇気を与えたり、励ましたりすることができます。言葉でなにか言うよりも、行動を見せて人を救うことができるのです。勇気ある行動を周りに見せていきましょう。

　あなたは、スーパーヒーローなんです！

　人にしたことは、あなたに別の形で返ってきます。あなたも人から励まされ、勇気を与えられることになるんです。

◗ 自分だけの時間を意識的に作って

　月牡羊座さんは、なんとなくブルーになってきたりイライラしてきたら、天気予報でいうと熱帯性低気圧状態です。

　熱帯性低気圧は放っておくと台風になってしまうことがあり、そうなると、周りに迷惑がかかります！（笑）

　自分だけの時間を作りましょう。散歩に行くのもいいし、マンガ喫茶に行くのもいいでしょう。すると、だんだん元気になっていきます。晴れた空が出てくるでしょう。

♈ **月牡羊座の人**（月星座が同じ）…気持ちが通じやすい相性。居心地はよいのですが、刺激は足りないです。

♉ **月牡牛座の人**…あなたをフォローしてくれる人です。

♊ **月双子座の人**…生産性がある相性。協力し合うと面白いことが起きます。

♋ **月蟹座の人**…納得できない部分もありますが、許し許されながら、お互い成長していく関係でもあります。

♌ **月獅子座の人**…気持ちが通じやすい相性。居心地はよいのですが、刺激は足りないです。

♍ **月乙女座の人**…理解し合うには、いちいち丁寧に説明する必要があります。

♎ **月天秤座の人**…自分にないものを持っているので、お互い人として気になる存在です。

♏ **月蠍座の人**…理解し合うには、いちいち丁寧に説明する必要があります。

♐ **月射手座の人**…気持ちが通じやすい相性。居心地はよいのですが、刺激は足りないです。

♑ **月山羊座の人**…納得できない部分もありますが、許し許されながら、お互い成長していく関係でもあります。

♒ **月水瓶座の人**…生産性がある相性。協力し合うと面白いことが起きます。

♓ **月魚座の人**…あなたがフォローしたくなる人です。

月牡羊座の
あなたへのメッセージ

誰がなんと言おうと、
あなたの人生はあなたのものです。
あなたの心も、思考も、あなたのもの！！
あなたの自由！！！
人からどう見られるかより、
まずは、自分がどうしたいかが大事。
いつも、心に確認しましょう。
「自分は、本当は…どうしたいのか？」って。

ｂｙキャメレオン竹田

月が♉牡牛座の人

♉ 五感が優れている

五感（味覚、聴覚、視覚、触覚、嗅覚）が優れています。

そして、五感を楽しむことが月牡牛座にとっては最大の喜びでもあります。

音楽であったり、料理であったり、芸術であったり、マッサージであったり、土いじりであったり…触れて、匂いを感じて、見て…など、実際に体験・体感することで、自分をより深く知り、そして自分の中にある感覚や才能に目覚めていきます。

♉ 職人気質

ひとつのことを丁寧に何度も何度も繰り返して、熟練の技を自分のものにしていくところがあります。そして繰り返せば繰り返すほど、精度が上がっていきます。

♉ クオリティー重視

美意識が高いです。そして、外枠だけにとらわれず、クオリティーに重点をおいています。本当に良いもの、本当に素敵なものや、素材、手触り、雰囲気、周りとの組み合

わせなどを選び抜くセンスをもっています。

　また、伝統的なものにも魅力を見出します。

♉ 早さよりも丁寧に、確実に！

　早さよりも確実さや丁寧さを重視するので、周りから見たら、いろいろとスローに見えたり、マイペースに見えるかもしれません。

♉ 安全第一

　慎重なのでだまされることは少ないですが、チャンスを逃しやすいこともあります。また、情報だけでは半信半疑。実際に目で見て確かめて、はじめて信じることができます。

　そして、これだ！と思ったことに関しては、維持力、ルーティン力、安定力を発揮します。

月を自分のものにできているとき

♉ 丁寧さが結果を残す

　自分の才能に自信を持っていて、最高のパフォーマンスを提供することに喜びを感じます。コツコツとやることに楽しみを見出し、その成果を受け取った人をも喜ばすことができます。

♉ 体験を自分のものにする

良い体験も、そうでない体験も、すべて自分の糧として吸収します。そして、次に同じようなことがあったときには、自分がそれを駆使できるようになっていたり、誰かに教えてあげる立場になっていったりと、そこからの学びを最大限にいかすことができます。

♉ センスをいかせる

美やクオリティーを見抜くセンスを持っているので、それをどんどん実際の生活でいかすことができます。また、周りの人の素敵な部分を発見しては、すかさず褒めることができます。そして、相手が喜ぶ素敵なプレゼントを探すのも上手です。

♉ 継続力、維持力

同じことを繰り返して体得し、どんどん深みが増し、レベルを上げていきます。楽しみながらブラッシュアップをしていきます。

月を自分のものにできていないとき

♉ こだわりが強い

自分が体験したことがすべて！という思い込みに固執してしまいます。実際に見て、経験していないことは信用し

ませんし、頑固で、自分のこだわりを曲げません。

♉ 快楽主義に走る

快楽主義に走ってしまいます。

心地いいこと気持ちがいいことが大好きなのはよいのですが、ついついそれにハマりすぎてしまい、日常が後回しになり、滞ってしまうことでストレスを生むことも。

♉ モノに執着する

自分の所有物である！ということに執着します。

モノとは、目に見えて、触れて、確認できるものです。お金もそうですし、ある意味人もそうです。自分の所有物であることに安心し、そうでなくなりそうになると、すごく不安になります。

♉ 石橋をたたいて壊す

懐疑的なので、確かめている時間が長く、結局動きが遅いばかりか、なにも始まらずじまいになってしまいます。

安定が好きな月牡牛座は、変化を嫌います。変化によって得られる幸せよりも、現状が変わらない安定を選び、運をとりにがしてしまいます。

月牡牛座の人は、首や喉とリンクします。

首や喉の調子が悪いときは、本来の自分と少しずれている可能性があります。しっかり癒して軌道修正をしましょう。

月からの処方箋
自分の月をより自分のものにするには

経験を楽しみましょう

経験することを怖がらないでください。なぜなら、この人生では、あなたにとって必要な経験を、必ずすることになっているのです。だったらそれを楽しんで、自分のものにしてしまいましょう。失敗も、成功も、全部あなたを成長させる素敵な経験なのです。

変化がチャンス！

月牡牛座は、変化が苦手です。

変化しないほうが楽と思いがちですが、実は逆で、どんどん移り変わっていくことのほうが、意外と楽なのです。

そして、変化を受け入れることで、新たなチャンスに恵まれ、新たな世界を発見することができます。そのためにも、人に心を開く勇気、人を信じる勇気、面白そうなこと

に飛び込む勇気を持ちましょう！

🌙 手放すことでバージョンアップします

　手放すことは、所有大好きの月牡牛座さんにとっては、一見、損した感じがするかもしれません。しかしながら、手放すことで、よりバージョンアップできるのです。これは不思議ですが、本当なのです。

🌙 モヤモヤを放置しないで

　なにかが違う！とモヤモヤしていることは、そのままにしないこと。

　やりたくないのにやっていることはやめる！断る！話し合う！などして、先延ばしにせず、急いでスッキリ整理してしまいましょう。

　そうすることによって、あなたにとって心地がよい枠が広がり、運も開いていきます。

🌙 五感に心地いいことで、自分を癒して

　月牡羊座の人は、五感をどんどん使いましょう。仕事にもどんどんいかしてください。それは、自分を尊重することや、自信にもつながります。

　さらに、自分を癒すことも五感がキーになっています。美味しいご飯を食べたり、気持ちいいマッサージを受けたり、よい香りをかいだり、触り心地のよい布団につつまれ

たり、花を飾ったり、素敵なソファーで昼寝をしたり…と自分が五感を通して幸せと感じることはどんどん取り入れて。ギュッと凝り固まっている部分を解放してあげましょう。

そうすると、あなたに素敵な運が入りやすくなります。そして、自分を幸せにすることが、人を幸せにすることにもリンクしていきます。

◗ 安定した環境に身を置きましょう

月牡牛座さんは、現実的安定感が揺るがされると、不安になって、実力を発揮できなくなる性質があります。

なにか不安なことがあったら、まず、現実的な基盤の安定をはかっていきましょう。

お金、健康、住む場所など、土台を整えるのです。ここが心の安定と密接につながっています。

◗ ゆったりとした時間を持って

月牡牛座さんは、自然と対話したり、動物と戯れたり、ゆったりとした時間を作ることで、自分を取り戻していきます。

マイペースこそとても大事で、自分に合ったスピード、自分に合った方法、自分に合ったスタイルがなにより。

自然体の自分に戻って、自然にいいな！と思うことを大切にしていきましょう。頭で考えるのではなく、体で感じ

てヒラメク！そんなイメージです。

🌙 大切な人とスキンシップ！

　月牡牛座さんにとって、肌のふれあいは、とっても重要！

　大好きな人とのスキンシップは、心も体も元気にしてくれます。

　ギュッと抱きしめてもらったり、また、抱きしめてあげる行為は、自分も相手もすべてを解放したり、すべてを癒すパワーをもっています。

　愛を持って、相手の幸せを願って、抱きしめましょう！

♈ **月牡羊座の人**…あなたがフォローしたくなる人です。

♉ **月牡牛座の人**（月星座が同じ）…気持ちが通じやすい
相性。居心地はよいのですが、刺激は足りないです。

♊ **月双子座の人**…あなたをフォローしてくれる人です。

♋ **月蟹座の人**…生産性がある相性。協力し合うと面白い
ことが起きます。

♌ **月獅子座の人**…納得できない部分もありますが、許し
許されながら、お互い成長していく関係でもあります。

♍ **月乙女座の人**…気持ちが通じやすい相性。居心地はよ
いのですが、刺激は足りないです。

♎ **月天秤座の人**…理解し合うには、いちいち丁寧に説明
する必要があります。

♏ **月蠍座の人**…自分にないものを持っているので、お互
い人として気になる存在です。

♐ **月射手座の人**…理解し合うには、いちいち丁寧に説明
する必要があります。

♑ **月山羊座の人**…気持ちが通じやすい相性。居心地はよ
いのですが、刺激は足りないです。

♒ **月水瓶座の人**…納得できない部分もありますが、許し
許されながら、お互い成長していく関係でもあります。

♓ **月魚座の人**…生産性がある相性。協力し合うと面白い
ことが起きます。

月牡牛座の
あなたへのメッセージ

生まれてきたからには、
とにかく
自分という人間を楽しみ
味わい尽くしましょう。
自分を生きることができる人間は、
自分しかいないのですから。

ｂｙキャメレオン竹田

☾ 月が ♊ 双子座の人

♊ いろいろなことを見たい！聞きたい！知りたい！

いろいろなことをちょっとずつ知りたい！のです。知的好奇心が旺盛で、フットワークも軽いので、いろいろな情報を広く浅くかき集めてくるのが得意です。しかしながら、そのときどきで新しいことに興味が移り変わっていくので、本来知りたい情報ばかりではなく、よけいな情報もたくさん集めてくる傾向があります。

♊ 頭の回転が速い

頭の回転が速く、要領もいいので、ちょっと聞いただけで、いろいろわかってしまうという優れた機能を持っています。逆に言うと、長い話は、しっかり最後まで聞いていられません。

♊ ひとつのことを究めるのは苦手

同じことの繰り返しとか、ひとつのことだけをする！というのが苦手です。慣れると違うことをしたくなるのです。つねに新鮮さや刺激を求めていきます。

逆に、いくつかのことを、ちょっとずつ同時並行でこな

すことは得意です。

Ⅱ 情報は、つねに上書き

情報がつねに刷新されていくので、周りからすると、毎回言っていることが、前に言っていたことと違う！と思われることもあります。

Ⅱ 負けず嫌い

負けず嫌いで、ライバルに敏感です。逆に、ライバルがいないと物足らなく感じ、ライバルがいるからこそ、成長していくことができます。

Ⅱ 質よりも、おもしろさや使い勝手の良さ

高級なものよりも、新しくておもしろそうなものに興味が湧きます。月双子座にとって、長持ちするものや、クオリティーの良さよりも、知的な刺激が得られることや、使い勝手がすごく良かったりすることが大事です。

月を自分のものにできているとき

Ⅱ 多芸多才で人を喜ばす

興味を持ったことをどんどん自分の中に取り入れて、自分だけではなく、人を喜ばせることにも使います。

また、いろいろな技をちょっとずつミックスさせて、オ

リジナルを編み出すこともできます。

Ⅱ 切り替えが早い

嫌なことがあっても、それにずっと支配されることはなく、気持ちを切り替えて、ほかの楽しみを見つけていくことができます。これは、決して現実逃避ということではなく、考えても仕方がないことは「しょうがないよね！」と上手に手放すことができます。

Ⅱ フットワークが軽い

フットワークが軽く、すぐに行動に移すことができます。いろいろなところに顔を出して、おもしろいことをピックアップしていきます。その軽やかさ、素早さによっていい情報をゲットしたり、思わぬチャンスをゲットしたりなど、いいとこどりを堪能します。

Ⅱ すべてをおもしろがることができる

いろいろな状況からおもしろさを見出すことができます。そして、自分のみならず、その場にいる人の気持ちも明るくすることができます。

Ⅱ 明朗快活！

見た目が明るくて、軽快でさわやかです。目が合うとニコニコして、誰とでも気持ちのよい挨拶をかわすことがで

きます。

 さわやかで楽しいコミュニケーション

コミュニケーション上手で、明るく楽しい話題を提供することができます。

話が長くて人を飽きさせたり、誰かの噂話で人に嫌な思いをさせたりすることがありません。

話し方も軽快でまとまっているし、おもしろい情報や、話題のネタなどを運んできます。話しているほうも楽しいし、聞いているほうも楽しいのです。

月を自分のものにできていないとき

Ⅱ ウサギとカメのウサギ

要領はいいのですが、途中で飽きてしまったり、ほかのことに興味が湧いてしまったり、あるいは、やりっぱなしで放置してしまったり…となにも大成せずに終わってしまいます。

Ⅱ 情報や噂に振り回される

情報や噂に振り回されて、自分が本当にしたいこともわからなくなってしまいます。

また、本当か嘘かを確認する前に、いろいろな情報を人にも言うため、周りを振り回してしまうこともあります。

Ⅱ 周りのことが気になりすぎる

　人のことが気になりすぎて、自分に集中できなくなります。肝心な自分がお留守状態になってしまいます。それは、落ち着きのなさとしても現れます。

Ⅱ 都合が悪くなると逃げる

　面倒くさいことが嫌いで、なにか都合が悪くなると、そっといなくなります。最後をはっきりしないので、周りに迷惑をかけます。

健康

　月双子座の人は、肺や肩、または腕とリンクします。
　呼吸の調子が悪かったり、肩や腕が凝ったりするときは、本来の自分と少しずれている可能性があります。しっかり癒して軌道修正をしましょう。

月からの処方箋
自分の月をより自分のものにするには

言葉のエネルギーを意識しましょう

　月双子座の人は、言葉のエネルギーを駆使できる人です。欲しい未来があるならば、どんどんそれを言葉にしていきましょう。言葉の波動が、その未来を連れてきます。逆に、

望まない未来の言葉を口にすると、それも現実化しやすいので気を付けましょう。

まずは経験。なんでもトライ！

なんでもやってみるというスタンスは、月双子座をイキイキさせる効果があります。いろいろな経験が増えれば増えるほど、あなたの可能性も、チャンスも、素敵な人との出会いも拡大していきます。そして、自分とかみ合わないことは、工夫したり、改良したり、あるいは、やめてもいいのです。

制限をしないで自由になんでもやってみましょう。

あなたの人生は一度きりです！　人生、やりたいことを、やりたいだけ、楽しみつくしていきましょう。

月双子座さんは、好奇心がとっても旺盛で、地球にやりたいことがたくさんあってやってきたのです。それを思い出しましょう！

気になること、ワクワクすることに向かって、足を運んでみてください。その経験を通して、あなたの世界は広がっていくのです。

休むよりも、動いてチャージ！

動き回れば動き回るほど、逆にエネルギーをチャージできてしまうのが月双子座のおもしろいところ。ちょっとでも煮つまってきたら、どんどん外に出かけていきましょう。

旅行も GOOD！

◖ 毎日ひとつの新しいことを取り入れて

新鮮なことを取り入れると元気になります。毎日ひとつでもなにか新しいことを取り入れてみましょう。そこから、またおもしろい発見があったり、新しい世界の扉が開いてきます。

◖ オープンマインドで人の心とふれあって

人と積極的にコミュニケーションをとりましょう。そこで大事なのは、オープンマインドです。あなたの心が開いていれば、相手の心も開くでしょう。あなたの周りにいる人は、あなたに出会うべくして出会いました。なんらかの気付き、メッセージなどが、その人達を通して、あなたにやってくるのです。そして、それは、新しいあなたとの出会いにもつながります。

◖ 思い立った今、このときが最高のタイミング

あ！と思ったら、それを大切にしてください。誰かを思い出したら連絡をとってみましょう。行きたいところができたら、行ってみましょう。そのとき気になることは、そのときがベストタイミングなのです。

♈ **月牡羊座の人**…生産性がある相性。協力し合うと面白いことが起きます。

♉ **月牡牛座の人**…あなたがフォローしたくなる人です。

♊ **月双子座の人**（月星座が同じ）…気持ちが通じやすい相性。居心地はよいのですが、刺激は足りないです。

♋ **月蟹座の人**…あなたをフォローしてくれる人です。

♌ **月獅子座の人**…生産性がある相性。協力し合うと面白いことが起きます。

♍ **月乙女座の人**…納得できない部分もありますが、許し許されながら、お互い成長していく関係でもあります。

♎ **月天秤座の人**…気持ちが通じやすい相性。居心地はよいのですが、刺激は足りないです。

♏ **月蠍座の人**…理解し合うには、いちいち丁寧に説明する必要があります。

♐ **月射手座の人**…自分にないものを持っているので、お互い人として気になる存在です。

♑ **月山羊座の人**…理解し合うには、いちいち丁寧に説明する必要があります。

♒ **月水瓶座の人**…気持ちが通じやすい相性。居心地はよいのですが、刺激は足りないです。

♓ **月魚座の人**…納得できない部分もありますが、許し許されながら、お互い成長していく関係でもあります。

月双子座の
あなたへのメッセージ

この世に遊びに来たことを思い出しましょう。
毎日、これはどうしたらおもしろくなるか⁉ を基本に
言葉にしたり行動に移したりしていると、
人生がどんどんおもしろくなっていきます。
あなたの合言葉は
「いつもおもしろくってしょうがない！」
ですからね。

ｂｙキャメレオン竹田

月が♋蟹座の人

♋ 感情が湯水のごとくあふれる

月蟹座さんは、感情が湯水のごとく湧いてきます。喜んだり、怒ったり、哀しんだり、楽しんだりを、表情豊かに表現していきます。

♋ 仲間を大切にする

自分が心を開いた人に対して、愛情を注いでいきます。それは、かわいい子供を見守るような、母性本能が芽生えるからです。懐かれたら嬉しいし、いろいろ面倒を見てあげたくなるし、仲間になにかあったら、その仲間を守ります。

しかし、自分が仲間と見なしていない人には、冷たい傾向にあります。つまり、蟹の甲羅のように、外は固く、中は温かい！　敵味方がハッキリしているのです。

♋ インプット力、模倣力が抜群！

月蟹座の人は、インプット力、模倣力に優れています。物覚えもよく、とくに生活に役に立つことは、どんどん吸収していくことができます。

☺ 大衆の心を掴むのが上手

月蟹座さんは、共感を得られやすい人です。「みんなで一緒にやると楽しいね！」という印象を周囲に与えることができるので、それを見た人たちから、わたしも仲間に入りたい！　あなたがやっているなら、わたしもやりたい！と思われることもしばしば。

月を自分のものにできているとき

☺ 面倒見がよい

相手がなにをして欲しいかを察して、いろいろ世話を焼いてあげることに喜びを感じます。そこには、押しつけがましさはなく、見返りを期待せず、ただ楽しく、大好きな人のために動くのです。すると、自分も相手も嬉しいという素敵な世界を創り出すことができるのです。

☺ 思いやりが深く保護的

人の気持ちがよくわかるので、思いやりのある言動をすることができます。また、子供や女性、お年寄りにもやさしく愛を注ぐことができますし、その人たちがどうしたら幸せになるかを、考えてあげたりもします。

☺ いい意味で、感情表現豊か

月蟹座は、感情が湯水のごとく湧き続けているのですが、

その感情をうまく表現することができます。嬉しいときは、嬉しい！嬉しい！と表情や言葉、動きで表現し、周りの人をも嬉しい気持ちにさせます。悲しいとき、イライラするときも、外にそのまま表現されますが、それを客観的に観察している自分もいるので、人に迷惑をかけることはなく、そういう状況なんだ！とみんなに説明することができます。わかりやすくてつき合いやすい人です。

♋ 人懐っこい

とても人懐っこく、甘え上手で、人間的なかわいらしさを兼ね備えているので、老若男女から親しまれます。

月を自分のものにできていないとき

♋ おせっかい

自分がいいと思うことは、相手もいいと思うに違いない！という思い込みが激しく、相手の気持ちを考えずに、いろいろ押し付けていくふしがあります。

♋ 相手に必要とされることに価値を置く

相手に必要とされることではじめて、自分に価値があると感じるので、相手に尽くす自分に酔っていきます。しかしそれは、相手の気付きや成長、そして自立をさまたげたり、共依存になってしてしまうことがあります。

☻ 感情を抑えられない

感情の波が激しく、自分の感情がうまくコントロールできません。時には一種のヒステリー状態になります。いちいち自分の感情に振り回されてしまいます。

☻ 排他的

仲の良い人や、仲の良いチームみたいなものができ上がると、そこに愛情をどんどん注いでいきます。しかしながら、そこに新しい人が加わってくると、その人に対してあからさまに冷たい態度をとったり、もとから仲の良い人ばかりえこひいきをしたり、仲の良かった人が新しい人ばかりとかかわるようになると嫉妬したり…といった意地悪さが顔を出します。

☻ 守るための攻撃

自分や自分の仲間、あるいは自分が愛情を注いだことや人に対して、文句を言う人が登場した場合、それらを守るために相手を攻撃します。攻撃が行き過ぎると、ケンカになったり、SNS上で炎上したりすることもあります。

☻ 私と仕事どっちが大事!?

自分や自分の仲間や家族と一緒にいる時間よりも、仕事を優先されたり、新しい友達や恋人、または、一人でいることを優先されると、相手をどうにか自分のほうに向かせ

るように、コントロールしたり、文句を言ったりして、支配欲に翻弄されます。

健康

　月蟹座の人は、胃や乳房とリンクします。

　胃や乳房の調子が悪いときは、本来の自分と少しずれている可能性があります。しっかり癒して軌道修正をしましょう。

月からの処方箋
自分の月をより自分のものにするには

どんな自分も愛してあげて

　月蟹座にとって、感情の大きな揺れ動きこそが素敵な特徴なのです。嬉しいときも、イライラするときも、それこそがあなたらしいところ。

　感情的になったら、自分らしくってかわいいな！と、自分を抱きしめて、大いに受け止めてあげましょう。あなたの最高の味方は、あなた自身なのです。

客観的でいることを学びましょう

　人それぞれ考え方、感じ方は千差万別ですし、たとえ困難な状況に見えても、その人なりの学びが用意されていま

す。

　わたしだったらこうするのに！とか、そんなのダメじゃん！とか、何回言ったらわかるんだろう！などと気をもむのはよけいなお世話。たとえ家族であっても、いちいち人の行動に干渉しすぎないようにしましょう。

相手を変えようとするのは不毛なことです

　意見が食い違っても、それはその人の考え方だ！と受け止めましょう。人は誰しも自分が正しい！と思う生き物なので、その人にとってはそれが正しいのであり、あなたはあなたで、正しいと思う意見があって当然。ただ、お互いの気持ちや考えをシェアし合うのはGOODですが、相手の意見を無理やり変えることはNG。どっちが正しい⁉︎という戦いは無意味なのです。

誰かのせいにして、自分の自由を制限しないで

　自分がやりたいことを、誰かのせいにしてできないという言いわけはしないようにしましょう。

　それは、その人に依存していることを意味し、さらには、その人もあなたに依存していることになります。

　それは共依存です。

　共依存状態になると、自分の人生を生きているつもりで、他人の人生を歩むことになってしまいます。あなたは、も

っと、もっと、あなたを生きていいのです！

🌙 自分に素直になって

自分がどう思うか？ということを伝えることが大事です。

わたしは行きたくありません！

わたしは嫌な気持ちになりました！

わたしは傷つきました！

わたしはそれを迷惑に感じます！

わたしはそれが好きです！

わたしはとても嬉しいです！

わたしは行きたいです！

といった具合に、ただ素直に伝えてみましょう。

あなたのあふれる感情が落ち着くとともに、相手に変に誤解されることなく、ストレートな気持ちが伝わります。

そしてポイントがひとつだけあります。その気持ちを相手に押し付けたり、相手の意見を変えようとはしなくていいということです。そんなことを意図したとたんに、感情がぐじゃぐじゃになってしまいます。

ただ、気持ちを伝えるのです。これが大事。気持ちを伝えるだけなら、こちらの自由なのです。

♈ **月牡羊座の人**…納得できない部分もありますが、許し許されながら、お互い成長していく関係でもあります。

♉ **月牡牛座の人**…生産性がある相性。協力し合うと面白いことが起きます。

♊ **月双子座の人**…あなたがフォローしたくなる人です。

♋ **月蟹座の人**（月星座が同じ）…気持ちが通じやすい相性。居心地はよいのですが、刺激は足りないです。

♌ **月獅子座の人**…あなたをフォローしてくれる人です。

♍ **月乙女座の人**…生産性がある相性。協力し合うと面白いことが起きます。

♎ **月天秤座の人**…納得できない部分もありますが、許し許されながら、お互い成長していく関係でもあります。

♏ **月蠍座の人**…気持ちが通じやすい相性。居心地はよいのですが、刺激は足りないです。

♐ **月射手座の人**…理解し合うには、いちいち丁寧に説明する必要があります。

♑ **月山羊座の人**…自分にないものを持っているので、お互い人として気になる存在です。

♒ **月水瓶座の人**…理解し合うには、いちいち丁寧に説明する必要があります。

♓ **月魚座の人**…気持ちが通じやすい相性。居心地はよいのですが、刺激は足りないです。

月蟹座の
あなたへのメッセージ

自分を心から大切にできる人は、

人のことも大切にできます。

自分のことを許せる人は、

人のことも許すことができます。

自分が幸せだと感じることができる人は、

人に幸せを与えることができます。

あなたは、じぶんのことを大切にしていますか？

あなたは、自分のことを許すことができますか？

あなたは、自分が幸せだと感じていますか？

ｂｙキャメレオン竹田

月が ♌ 獅子座の人

♌ 童心と遊び心

いくつになっても、子供心や遊び心を忘れません。楽しそう！と思ったことには、無邪気な子供のように、ワ〜っと飛び込んでいきます。特に、遊ぶことに関して一生懸命なので、これをそのまま仕事にいかすこともできます。

♌ 創造力と表現力、そしてなにより存在感！

クリエティブセンスや表現力があり、いろいろなことを創造してアピールしていく才能があります。また、あなた自身やあなたのオーラも存在感があるので、そこにいるだけで、なぜか目立ったり、場の空気をガラッと変える不思議なパワーを持っています。

♌ ドラマチック大好き

なにごともドラマのように、よりオーバーに、より刺激的に仕立て上げるのが好きです。起承転結がないとつまらないと感じてしまうのです。

逆に、同じことの繰り返しでも、そこに起承転結があるならば、同じところで毎回感動することができたり、さら

には、繰り返していくうちに、より感動が増すこともあります。水戸黄門が印籠を出すときには、毎回テンションが上がりますよね！　歌手も新しい曲より、ヒット曲を歌ったほうが聴き手は盛り上がったりしますよね！　このような、お決まりのシーンにトキメキます。

月を自分のものにできているとき

🎵 どんなときにも楽める

月を自分のものにできているときは、どんなときも、そこにいちいち楽しさを見出すことができます。また、ひとりの時間も趣味、芸術、ドライブ、イベント参加などなど、自分の好きなことをして楽しく過ごすことができます。

🎵 喜劇のヒロイン !?

つまらないことにとらわれず、つねに自分を喜劇のヒロインにすることができます。

嫌なことがあっても、それをおもしろい話にして人に伝えることができるので、結果的におもしろい思い出になります。

🎵 人を惹きつける魅力

いつも太陽のように、そして、子供のように無邪気で明るくて楽しいエネルギーを出しているので、その日光に当

たりたい人たちがたくさん周りに集まってきます。

🎵 いろいろなものを創造する

クリエイティブな感性に優れ、いろいろなものを生み出すパワーを持っているあなた。楽しみながら、それらがもっと楽しくなるには？と考えていくと、おもしろいアイディアが次から次へと出てきます。

月を自分のものにできていないとき

🎵 大風呂敷を広げる

できそうもないことを、大げさに言います。また、なにかを伝えるときも、事実よりも2倍、3倍増しで大きく伝えてしまいます。

🎵 悲劇のヒロイン

嫌なことがあると、オーバーリアクションでかわいそうなわたしを演出します。自分のことなのに、周りを巻き込みたがります。

🎵 理解されないと文句を言う

輪の中心にいたり、自分の意見が理解されているときはいいのですが、そうでなくなると、どうにか自分の意見を通そうと文句を言ったり、SNSでつぶやいたりして周りを

困惑させます。

🎵 裸の王様＆見栄っぱり

大きく見せたい部分が暴走し、ギラギラしすぎたり、自慢したり、あるいは、間接的に「すごいだろアピール」をします。しかしながら、これで満足しているのは自分だけ。周りの人は、それほど興味がないことが多いです。

🎵 わがままなかまってちゃん

自分という存在を、もっとチヤホヤしてほしいし、もっとかまってほしいし、もっと褒めてもらいたいという願望が充満してきて、それを周りに求めていきます。周りの評価で自分の存在価値を判断しがちです。

健康

月獅子座の人は、心臓、血圧、背中とリンクします。

心臓の不調や、血圧が高くなったり、または、背中がやたらと凝る場合は、本来の自分と少しずれている可能性があります。しっかり癒して軌道修正をしましょう。

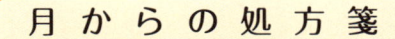
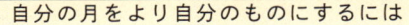

月からの処方箋
自分の月をより自分のものにするには

子供心を大切にしましょう

月獅子座さんにとって、子供心は土台になっています。自分の子供心を喜ばせてあげたり、なにかに迷ったときやつまずいたときは、子供のころの自分を思い出してみて。そこからヒントが得られるでしょう。また、実際に無邪気な子供と一緒に遊ぶと元気になります。

惹かれることには抗わないで

おもしろそう！ワクワクする！　そう感じることは、どんどんやっていきましょう。そう感じるということは、それをするといいですよ！という月からのお知らせです。

エンタメ精神で困難を乗り越えましょう

なにごともドラマチックな月獅子座さんは、困ったときも、エンタメを取り入れて乗り越えることができます。大変なときは、歌舞伎役者の決め台詞みたいにすごく大きな声で「て〜へんだ〜！」といって決め顔をしてみたり、悲劇を喜劇に変える工夫をしていきましょう。すべてをおもしろがることを意識していくと、波動をガラっと変えることができます。

● 喜びの感覚を大切にすると、光を放出します！

　自分がいつもなにに喜んでいるかを意識して、それを大切にしていきましょう。

　喜んでいる瞬間、あなたからは幸せのエネルギーが放出されます。そうすると、幸せなことがどんどんあなたにやってくるようになります。

　ぜひ、積極的に自分を喜ばせていきましょう。そこに遠慮はいりません。

● いちいち周りを気にしなくていいのです

　いちいち周りを気にしながら動いていくと、やりたいことがやれなくなってしまいます。

　月獅子座さんは、人生をどんどん創造していくことで輝いていくのです。自分自身の価値観や世界観を創り上げ、ものや状況、そして仕事などもどんどん創造していくことができます。

　やりたいことを、やりたいときに、やれるだけやる！これが月獅子座さんにとってもっとも大事ですし、月獅子座さんがもっとも輝けることなのです。

　誰かに支配されたり、誰かを支配したり、あるいは、何かの犠牲になっていたのでは、あなたは輝きません。あなたが輝かないと、あなたの周りの人も楽しくなくなってしまいます。

　あなたは、ただ、「今を楽しむ」ことが使命でもあります。

それがあなたのためでもあり、みんなのためでもあるのです。

自分の意見は、表現すること！

月獅子座さんは、表現する人なのです。なににつけても遠慮をすると、自分らしく生きにくくなってしまいます。自分が思ったことは、心の中にとどめておかずに出していきましょう。

言って嫌われたらどうしよう…などと心配する前に、堂々と言ってしまったほうがいいでしょう。わたしはそういう人です！ということを知ってもらうと、生きやすくなりますし、逆に自分に合わない人は遠のき、自分に合う人が自然に集まってくるようになります。

堂々とする＆人も自分も褒める

月獅子座さんは、堂々としていると、より魅力的に見えます！　多少自信がないときも、堂々とふるまっていくと、自信があとからついてきたりします。また、ちょっとしたことでも、自分で自分を褒めてあげましょう。褒められて伸びるタイプなので、褒めてくれる人がそばにいると、なおGOOD。

さらに、人を褒めることをしていきましょう。そうすると、不思議とあなたの魅力は倍増していきます。

　月獅子座さんは、スポットライトを浴びることでパワーアップすることができます。

　歌でも、作品でも、SNSの中の写真でもなんでもいいので、わたしが、わたしのモノがいま注目されている！という場面を作っていくといいでしょう。

♈ **月牡羊座の人**…気持ちが通じやすい相性。居心地はよいのですが、刺激は足りないです。

♉ **月牡牛座の人**…納得できない部分もありますが、許し許されながら、お互い成長していく関係でもあります。

♊ **月双子座の人**…生産性がある相性。協力し合うと面白いことが起きます。

♋ **月蟹座の人**…あなたがフォローしたくなる人です。

♌ **月獅子座の人**（月星座が同じ）…気持ちが通じやすい相性。居心地はよいのですが、刺激は足りないです。

♍ **月乙女座の人**…あなたをフォローしてくれる人です。

♎ **月天秤座の人**…生産性がある相性。協力し合うと面白いことが起きます。

♏ **月蠍座の人**…納得できない部分もありますが、許し許されながら、お互い成長していく関係でもあります。

♐ **月射手座の人**…気持ちが通じやすい相性。居心地はよいのですが、刺激は足りないです。

♑ **月山羊座の人**…理解し合うには、いちいち丁寧に説明する必要があります。

♒ **月水瓶座の人**…自分にないものを持っているので、お互い人として気になる存在です。

♓ **月魚座の人**…理解し合うには、いちいち丁寧に説明する必要があります。

月獅子座の
あなたへのメッセージ

あなたの人生とは、あなたが主演の映画です。
楽しいときも、悲しいときも、
いつもあなたにスポットライトが当たっています。
すべてをドラマチックに演出して
楽しんでください。
題名はあなたの自由！

ｂｙキャメレオン竹田

月が ♍ 乙女座の人

♍ 人の役に立ちたい

人の役に立つことが好きです。困っている人を見ると放っておけないやさしいところがあります。また、人の役に立つことをすることで、自分のアイデンティティを確認することもできます。

♍ 細かいことによく気が付く

人が気付かないような細かいポイントを発見することができます。また、分析することも得意で、結果だけでなくゴールまでのプロセスも大事にします。

♍ 自己管理能力が高い

自己管理能力が高く、とくに健康を意識していたり、整理整頓上手の人が多いです。

♍ 手先が器用

手先が器用で細かい作業が得意な人が多いです。切ったり貼ったり、塗ったり、染めたり、描いたり、縫ったり…。これをそのまま職業にしていく人もいるでしょう。

♍ 実務能力がある

実務能力があり、どんなことでも器用にこなすことができます。人が面倒と思うようなことを、まとめたり、チェックしたり、サクサクとこなすので、仕事仲間にひとりいてくれるととても助かるタイプです。

月を自分のものにできているとき

♍ 部屋や身なりがきれい

月乙女座の人は、きちんと整理された状態・環境にいると、パワーをチャージされて元気になります。自分でもそれを無意識のうちに知っているので、いつも清潔感があり、さわやかで、そして、きちんと整理された空間で生活をしています。

♍ 自己管理ができる

ここまではOKで、ここからはNGというラインを自分なりに持っていて、自分の管理ができるので、人に振り回されることがありません。また、暴飲暴食をして健康をそこなうこともないでしょう。自己管理できるということは、自分のことを大切にしているということです。そういう生き方は、もれなく、人のことも大切にするという思考につながります。

⑪ 人のために何かをしたい

人が喜んでくれることをするのが大好きで、目の前にいる人を喜ばせるために、自分に何ができるかを考えて行動することができます。かといって、無理をしたり、自分を犠牲にしてまでということはなく、そういうことが楽しくてしょうがないからします。相手は喜ぶので、それを見て自分も喜ぶといういい流れを感じていくことができます。

月を自分のものにできていないとき

⑪ 人の欠点ばかりが目に付く

人の欠点ばかりに目が向くようになります。そして、そこを辛辣に指摘したりすることもあります。

⑪ ひとつのことが気になりすぎる

一部分が気になると、そこばかりに意識がいってしまい、全体的なものが見えなくなってしまいます。全体的にはよい状態なのにもかかわらず、小さなシミのせいで、すべてが色あせて見えるのです。よいところもたくさんあるのに、それを忘れてしまうのです。

⑪ 完璧主義

完璧主義で、ちょっとしたミスも許せなくなります。それは、自分に対しても、人に対してもです。また、最後は

自分で仕上げたいというところがあり、人を頼らず、自分でいろいろやろうとして疲れ果ててしまうことがあります。骨折り損のくたびれ儲け。

⑱ 自分ができることを人もできると思い込む

人それぞれ感性や才能、スピードなどに違いがあることを許容できず、自分が簡単にできてしまうことを、人ができないとイライラしてしまいます。それは、あなたの伝え方がわかりにくかったせいという可能性もあるし、相手が何回も言わないと覚えないタイプという可能性もあるでしょう。どちらにしろ、原因も見えなくなってしまうのです。

⑲ お礼や見返りを欲しがる

人になにかしてあげたときに、お礼や見返りがないと不機嫌になります。つまりそれは、お礼や見返りを目的にしていたということになります。礼儀や常識を重んじるとももちろん言えますが、本当にしてあげたいことをしたのなら、それが無くても不機嫌にはなりません。

⑳ 自己犠牲

自分の本当の気持ちを表現することに抵抗があり、相手に都合を合わせ続けたり、頼まれたら断れないで引き受けたりして、結局自己犠牲の状態に陥ってしまいます。やりたくてやっているのか、ただがまんしているのかがわから

なくなってしまうのです。

⑩ 優柔不断

　自分でいろいろ決断することができず、優柔不断に陥ります。決められない結果、どっちでもいいよ！　なんでもいいよ！ということを言ってしまうくせに、相手の選択が自分の期待とズレていた場合、イライラします。

健康

　月乙女座の人は、腸とリンクします。
　便秘や下痢など腸の調子が悪いときは、本来の自分と少しずれている可能性があります。しっかり癒して軌道修正をしましょう。

月 か ら の 処 方 箋
自分の月をより自分のものにするには

● ありのままのあなたで完璧！

　あなたは、今のままで実は完璧です。人と比べて劣っている点などを気にしすぎないでください。細かいプラスマイナスにこだわることは、賢いことではありません。それであなた自身の価値が変わることはないのです。逆に、人との違いこそが、あなたの魅力的なところなのです。

☾ 言いたいことは言葉にしないと伝わりません

口に出して言わなくてもきっと察してくれるに違いないと人に期待していると、察してもらえなかったときに怒りに変ります。察してもらおうと期待するのではなく、思いをそのまま伝えればいいだけです。感情を知られるのが苦手な月乙女座さんですが、感情は隠していても、相手に波動で伝わってしまうものです。心の中にモヤモヤがあるのであれば、それをそのまま伝えていきましょう。ただひとつ注意ポイントとして、言い方は感情的にならないようにするといいでしょう。

☾ 人の役より自分の役に立って

人の役に立つのはとても素晴らしいことですが、自分を犠牲にする必要はありません。自分が幸せになればよいエネルギーを出せるようになり、はじめて人を救うことができます。だから、まず、あなたは自分の役に立ってください。

☾ 何かしてあげたらそれで完了！　見返りは期待しない

「自分が嬉しいからしてあげる！」「自分が楽しいからしてあげる！」それで完了。「〜してあげたのに」…と見返りがないと不快になるのであれば、最初からしなければいいだけです。

細かい作業や掃除が、あなたを元気にします

ちょっと元気がないときは、手先を動かして細かい作業をしてみたり、整理整頓、掃除などを無心でしてみるといいでしょう。いつのまにか、頭や心の中も整理されていきます。ポイントとしては、無心でやるということです。

人に頼る勇気を持って

人に頼むことに対して、勇気を持ちましょう。人って頼られると結構嬉しいものです。

全部自分でやったほうが完璧だ！　全部自分でやったほうが早い！　人を頼るのは迷惑かも…などと思うこともあるかもしれません。しかし、人に頼む勇気を持つことで、頼まれたほうも成長していきます。そういう機会を、人に与えてあげることも大事なのです。

人は、協力し合うとひとりでやる何倍も成功し、何倍も楽しさが増えていきます。

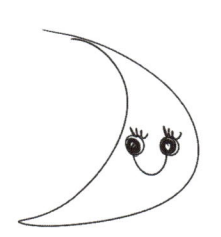

月星座の相性

♈ **月牡羊座の人**…理解し合うには、いちいち丁寧に説明する必要があります。

♉ **月牡牛座の人**…気持ちが通じやすい相性。居心地はよいのですが、刺激は足りないです。

♊ **月双子座の人**…納得できない部分もありますが、許し許されながら、お互い成長していく関係でもあります。

♋ **月蟹座の人**…生産性がある相性。協力し合うと面白いことが起きます。

♌ **月獅子座の人**…あなたがフォローしたくなる人です。

♍ **月乙女座の人**（月星座が同じ）…気持ちが通じやすい相性。居心地はよいのですが、刺激は足りないです。

♎ **月天秤座の人**…あなたをフォローしてくれる人です。

♏ **月蠍座の人**…生産性がある相性。協力し合うと面白いことが起きます。

♐ **月射手座の人**…納得できない部分もありますが、許し許されながら、お互い成長していく関係でもあります。

♑ **月山羊座の人**…気持ちが通じやすい相性。居心地はよいのですが、刺激は足りないです。

♒ **月水瓶座の人**…理解し合うには、いちいち丁寧に説明する必要があります。

♓ **月魚座の人**…自分にないものを持っているので、お互い人として気になる存在です。

月乙女座の
あなたへのメッセージ

相手が自分をどう思っているかを気にしすぎたり、

きっとこう感じているんだろうと勘ぐりすぎたり、

それに沿った返事をしていくと、

うまくいかなくなります。

ただリラックスして、

軸を自分に戻しておくことが大事。

つくったあなたより、軸がズレているあなたより、

ありのままのあなたでいることが好感を呼びます。

ｂｙキャメレオン竹田

 月が ♎ 天秤座の人

♎ 社交的で、人の縁に恵まれる

いろいろな人とかかわることが好きで、社交上手です。

人のことをよく見ているので、人がして欲しいことを察して先に動くことができます。

そして、人とのかかわり方は、濃く深くではなく、浅く広くがモットー。いつも同じ人とつるむというよりも、どんどん新しい人とかかわっていこうとするので、人の縁が広がります。

♎ 美的センスがある

美的なセンスがあって、メイクが上手だったり、ファッションセンスがあります。あるいは、インテリアなどの空間デザインセンスや、人の魅力を引き出すセンスなど、見た目の美しさを演出する才能があります。

♎ 情報収集家

広く浅くいろいろな情報を集めることができます。

ただ、それを深めようとするのではなく、その情報はつねに刷新されて書き換えられていきます。

いろいろ知っているので、一緒にいると話題が豊富で楽しい人と思われます。

人を気持ちよくする天才

　人が心地よくなるポイントを無意識に熟知しています。

　人の話をよく聞いて気持ちを満たしてあげたり、なにを探しているのかを推察してそれをサッと差し出したりするなど、なかなか高度な技を楽しく使いこなしていきます。

美的センスをいかせる

　審美眼をいかして、自分や人、空間を素敵にしていきます。そして、その美しさはみんなの心を癒す効果もありますので、一石二鳥！

　また、上品で洗練された雰囲気も醸し出しています。

人との縁を大切にする

　日ごろから、人との縁をとても大事にし、感謝の気持ちを持っているので、いつも人に恵まれています。

　そんな月天秤座さんだからこそ、なにか困ったことがあると、周りが快く助けてくれます。

♎ 人のよいところを発見して伝える

素晴らしい観察眼をいかして、人の素敵な部分を発見して、その人に伝えたり、褒めたりすることができます。

月を自分のものにできていないとき

♎ いろいろな意見に振り回される

情報収集に優れているのですが、それにより、様々な情報に振り回されてしまいます。

♎ 八方美人

いい人に見られたい！という思いから、誰に対してもいい顔をしてしまい、本当の自分の気持ちをどこかに忘れてきてしまいます。

♎ 見栄をはる

人に良く見られたいという気持ちが暴走し、等身大以上に自分を着飾って、優雅に見せたり、成功しているように見せたり、幸せそうに見せたりしてしまいます。

それが楽しくてやっているのならいいのですが、自分の中に「なにか違う！」という感覚をおぼえながら見栄をはり続けていると、心が疲弊します。

♎ なんでも自分の話に持っていく

聞き上手をよそおって、最終的に自分の話にすり替えて、自分の話ばかりしてしまいます。

その結果、相手を気持ちよくさせるつもりが、自分だけが気持ちよいという状態です。

♎ 人も自分も、比べて評価

比較する癖がでてきてしまい、自分と誰かを比べて、自分の劣っている点にフォーカスし、落ち込んでしまいます。

また、人間は、自分にすることは人にもするのです。誰かと誰かを比べて指摘したり、相手をマウンティングしたりするなど、一時的に自分の劣等感からのがれようとします。

健康

月天秤座の人は、腎臓、腰、お肌のコンディションとリンクします。

腎臓の不調や、腰痛を感じたり、お肌の調子が悪いときは、本来の自分と少しずれている可能性があります。しっかり癒して軌道修正をしましょう。

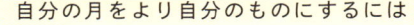 月 か ら の 処 方 箋
自分の月をより自分のものにするには

● 楽しく与えて、楽しく受け取りましょう

　自分がして欲しいことは、先に楽しく人に与えていくといいでしょう。

　楽しく与えれば与えるほど、より楽しく受け取ることができますし、楽しく受け取れば受け取るほど、人に与えることがもっと楽しくなっていきます。

● 「あなたのおかげ」を伝えて

　人とのかかわりの中で運を掴んでいく月天秤座さんは、近い存在であろうが、遠くの存在であろうが、なにかしてもらったときだけではなく、いつでも感謝の言葉を伝えていきましょう。感謝の波動は最強です！

● 心がときめくほうを選択して正解！

　いろいろな情報が集まってくる月天秤座さんは、選択する機会が多い人です。

　なにかを選ぶときは、人にどう思われるかということよりも、自分の心がときめいたほうを選択していきましょう。

　それが、あなたにとってのいちばんいい道につながります。

オシャレを心から楽しむ！

月天秤座の人は、オシャレを楽しむことで、自分も周りも幸せにしてくことができます。きれいだなと思ったものは、どんどん取り入れて、オシャレをしていきましょう。

また、カラフルなカラーやキラキラしたものを意識して身に着けるといいでしょう。運もどんどん上がっていきます。

人が期待するあなたを生きる必要はナシ

人が想像するあなたを演じることはやめましょう。

人の気持ちを勝手に想像して、その通りの対応をしようと心がけていれば、確かに好かれるような気はします。しかし実際はそんな気がしているだけで、人はそれを望んでいません。

その人なりの言動があるほうが、意外性や刺激があって、人は興味を持ちます。

自分以外の誰かになろうとしていませんか？

自分と人を比べないこと。人間は千差万別で、ひとりとして同じ人はいません。あなたは、あなた自身をとにかく楽しむことを意識してください。

積極的にいろいろな人とかかわって

月天秤座さんは、人とのかかわりの中で、パワーをもら

えて元気を取り戻していきます。

　そして、いつも同じメンバーではなく、人間関係の風通しのよさがポイントとなります。いろいろな人の考え方、感じ方、センス、才能を知ることで、人や自分の新たな面をどんどん発掘したり、磨いていくことができるからです。

　月天秤座さんは、自分を含め人間を知るために、地球にやって来ました。

♈ **月牡羊座の人**…自分にないものを持っているので、お互い人として気になる存在です。

♉ **月牡牛座の人**…理解し合うには、いちいち丁寧に説明する必要があります。

♊ **月双子座の人**…気持ちが通じやすい相性。居心地はよいのですが、刺激は足りないです。

♋ **月蟹座の人**…納得できない部分もありますが、許し許されながら、お互い成長していく関係でもあります。

♌ **月獅子座の人**…生産性がある相性。協力し合うと面白いことが起きます。

♍ **月乙女座の人**…あなたがフォローしたくなる人です。

♎ **月天秤座の人**（月星座が同じ）…気持ちが通じやすい相性。居心地はよいのですが、刺激は足りないです。

♏ **月蠍座の人**…あなたをフォローしてくれる人です。

♐ **月射手座の人**…生産性がある相性。協力し合うと面白いことが起きます。

♑ **月山羊座の人**…納得できない部分もありますが、許し許されながら、お互い成長していく関係でもあります。

♒ **月水瓶座の人**…気持ちが通じやすい相性。居心地はよいのですが、刺激は足りないです。

♓ **月魚座人**…理解し合うには、いちいち丁寧に説明する必要があります。

月天秤座の
あなたへのメッセージ

出会う人とは、出会うべくして必ず出会い、

出会えない人とは一生出会えません。

そのように決まっているのです。

だから、あなたの目の前の縁は

とても貴重で意味があります。

ｂｙキャメレオン竹田

月が ♏ 蠍座の人

♏ 集中力・観察力・洞察力がある

　基本的に、集中力、観察力、洞察力が優れています。また、人のちょっとした表情の変化や、言っていることと心の中のギャップなどをいち早く感じ取りますし、嘘を見抜くことが得意です。

♏ あきらめない力

　これ！と思ったことをとことんやって、自分のものにしていく持久力や忍耐力があります。とにかく、深く深く掘って追求してくことができます。逆に、浅く広くいろいろやるというのは苦手です。

♏ セット機能

　月蠍座さんは、なにかを気に入ると、「セット機能」というものを無意識に使います。

　これだ！と思う人、モノ、状況に出会うと、自分とその対象をくっつけて一体感を求めます。

　セットにする機能は、仕事などで使うと、とても素晴らしいものを創り出すことができるのですが、人間に対して

使ってしまうと、ときには、心にケガをします。

♏ 境界線がハッキリしている

　自分にとって、この人はダメだ！　この人は大丈夫だ！というのがハッキリわかれています。

　また、これまで大丈夫だったのに、ダメになったときは、急にピシャッと線を引きます。

　自分にとって大丈夫な人には心を開きますが、ダメな人には心を開きません！

♏ 感情を隠す

　基本的に秘密主義なので、思っていることを周りに知られないように、ポーカーフェイスになります。したがって、何を考えているのかわからない！と周りの人から思われてしまうことも多いようです。

　このポーカーフェイスは、たとえ親しい関係でも、相手が心全開で接してきてくれない場合は、ちょいちょい発症します。

　素敵な言い方をすれば、ミステリアス！

月を自分のものにできているとき

♏ やりたいことに全神経を注ぎ込む

　月蠍座の人は、「０か100か」と力の注ぎ方に極端なと

ころがあるのですが、月を自分のものにできているときは、100のパワーを、自分がワクワクすることに注ぎ込むことができます。

それができれば自分も楽しいし、そのとき取り組んだものにも高くて素晴らしい波動が乗りますので、いい仕事、いいもの、いい関係を作ることができるのです。

♏ 自分の思いを丁寧に伝える

なにかちょっと違うな…と思っていることを、感情的にならずに、きちんと自分の気持ちとして相手に説明することができます。

よって、その場の空気がおかしくなることもなく、相手の機嫌もそこなうこともなく、自分と相手の心の整理をつけながら、解決に導いていくことができます。

♏ 人の心を開く

月蠍座の人からは底知れぬ安定感と、すべてを透視するような雰囲気が醸し出されるので、人の心を開く作用があります。自然と人から秘密を打ち明けられたり、誰にも言えない悩みを相談されることが増えていくでしょう。

心の深い部分の話を聞いたり、気持ちを理解することに長けているので、人の心のケアをしてあげることができます。

♏ 思いつめる

物事を追求するのが得意なのですが、それをマイナスな方向に使ってしまうと、どんどん掘って、掘って掘りまくって、自分の心を苦しめ、いじめる作業を始めます。

それで問題が解決するわけではないばかりか、クセになってしまうと心底疲弊してしまいます。とても不毛なことです。

目の前のことに集中できず、仕事にもパワーを注入せず、今一緒にいる人より、過去や未来の登場人物のことばかり意識してしまいます。

♏ 人にくっつく

人にくっつく性質があります。

月蠍座の人は、信頼できる人、愛する人にくっついて、元気を取り戻します。人にくっついているな…と感じたら、「あっ最近、弱っているんだな！」と再確認できます。

ただ、それが、この人がいないと耐えられないというような依存になる場合は、ちょっと問題です。

♏ 感情を隠して苦しくなる

人間関係で、言えない！聞けない！という苦しみが出てくることがあります。相手にとって都合のいい状態になっ

ていたり、利用されてしまったり…。本人には、なにかおかしいとか、なにか苦しいという自覚があるのにもかかわらず、それを出せないで、グッと隠し続けてしまうのです。

♏ ギリギリまで我慢

痛いのに我慢していたり、人から言葉で傷つけられているのに我慢していたり、いじめられているのに我慢していたり…。月蠍座さんは、我慢できる限度が高いので、かなりの辛さを耐え忍んでしまいます。

また、MAXまで我慢したら、最後に大爆発を起こす場合があります。

パワーの使い方が0か100かという極端な月蠍座さんは、我慢して我慢して、100になったときに、その状況に対して良くも悪くも覚悟を決めます。

それ以上毒をためていたら、自分自身がその毒でやられてしまうことを感じ取るからです。

健康

月蠍座の人は、生殖器とリンクします。

生殖器の調子が悪いときは、本来の自分と少しずれている可能性があります。しっかり癒して軌道修正をしましょう。

月からの処方箋
自分の月をより自分のものにするには

手放したり、自分から終わらせるのも大事なこと

手放していくことで、次の扉が開いていきます。

よくよく考えて、ついに手放せたときは、本当に偉いので、自分をギュッと抱きしめてあげましょう。よくがんばったね！と自分をねぎらって。

手放すことこそ月蠍座の最大の学びの機会であり、素晴らしい成長と、新しい自分との出会いが待っているのです。

クヨクヨ考えすぎないで、ポジティブにシフトチェンジ！

ひとつのことを、探求する才能があります。それを人との確執や過去の後悔、未来の心配など、苦しいことに費やすのではなく、アイディアや素敵な未来など、前向きなことに使っていきましょう。過去を探し求めても宝物は決して出てきません！

月蠍座の素晴らしい集中力を前向きな方向にシフトしていけば、あらゆる願いが叶いやすくなります。

真の理解者を求めましょう

月蠍座さんに必要なのは、自分をわかってくれる人です。その人に心の中を打ち明けて、わかってもらいましょう。そうするだけでも、自分の中の毒が薄くなっていきます。

いろいろなものを、自分だけに貯め込まないことが、あなたにとってはものすごく大事なのです。

● モヤモヤした感情をテイクアウトしないで

月蠍座さんは、自分の感情を外に小出しにしていくことが苦手です。また、不快な気持ちをテイクアウトしてしまうと、帰宅してからそれを掘って、自分の時間をたくさん費やして、苦しんでしまうことがあります。

もしも嫌な気持ちになったときは、そういう気持ちになったことを相手に報告し、なるべくその場で解決してしまうといいでしょう。感情的にならずに、相手を責めずに、ただ、そのときどう感じたかを報告すればいいだけです。

また、どうしてもその場でできない場合は、その日のうち、もしくは、遅くても次の日までには、メールでもなんでもいいので、気持ちを伝えてみましょう。

月星座の相性

- ♈ **月牡羊座の人**…理解し合うには、いちいち丁寧に説明する必要があります。
- ♉ **月牡牛座の人**…自分にないものを持っているので、お互い人として気になる存在です。
- ♊ **月双子座の人**…理解し合うには、いちいち丁寧に説明する必要があります。
- ♋ **月蟹座の人**…気持ちが通じやすい相性。居心地はよいのですが、刺激は足りないです。
- ♌ **月獅子座の人**…納得できない部分もありますが、許し許されながら、お互い成長していく関係でもあります。
- ♍ **月乙女座の人**…生産性がある相性。協力し合うと面白いことが起きます。
- ♎ **月天秤座の人**…あなたがフォローしたくなる人です。
- ♏ **月蠍座の人**（月星座が同じ）…気持ちが通じやすい相性。居心地はよいのですが、刺激は足りないです。
- ♐ **月射手座の人**…あなたをフォローしてくれる人です。
- ♑ **月山羊座の人**…生産性がある相性。協力し合うと面白いことが起きます。
- ♒ **月水瓶座の人**…納得できない部分もありますが、許し許されながら、お互い成長していく関係でもあります。
- ♓ **月魚座の人**…気持ちが通じやすい相性。居心地はよいのですが、刺激は足りないです。

月蠍座の
あなたへのメッセージ

あなたの波動が上がってしまえば、
今の困難は消えてなくなります。
人間関係の確執も同様。
相手の波動も一緒に上がるか、
自然とタイミングが合わず会えなくなるなどの理由で
あなたの世界からいなくなるか…
という具合です。

ｂｙキャメレオン竹田

月が ♐ 射手座の人

♐ 今ここにないものを目指す

つねに、ないものを目指していきます。そこにたどり着くまでのプロセスが楽しく、ゴールすると、そのとたんにまた次の目的を見つけてきます。モノの場合は、手に入るとまた違うモノが欲しくなりますし、恋愛の場合は、追いかけられるよりも、追いかけることが好きです。

♐ 視野が広く細かいことは気にしない

物事を全体的にとらえることができるのですが、細かいことは気にしない、または、気がつかない傾向にあります。

また、いろいろなことを楽天的にとらえることに長けています。

♐ 束縛を嫌う

自由に動き回りたいので、束縛されることを嫌います。人間関係も恋愛関係も、依存し合わず、自立していて、お互いを尊重し高め合う関係を望みます。

⚡ グレードアップ衝動がある

　向上心が強く、常に上を目指していきます。その状態のままキープということがあまりありません。常に、上へ上へと進んでいきます。

⚡ エキゾチックな雰囲気

　異国的で、不思議な雰囲気を持つ人が多いです。

月を自分のものにできているとき

⚡ 困難はゲーム感覚で乗り越える

　困難なことが起きたときに、ロールプレイングゲームをするように、いろいろチャレンジをしておもしろさを見出しながら乗り越えていくことができます。結果として自分のバージョンが上がるだけではありません。まだ経験したことがない人にそれを教えてあげたり、次のできごとに備えてパワーアップを図ったりして、人生の荒波をゲームのように楽しむことができます。

⚡ 相手の出方を見ることができる

　柔軟性があり、相手の出方によって、それを学びながら、自分の出方を工夫して接していきます。最終的にお互いに新たな発見をしたり、向上し合うことができます。ライバルがいるほうが、どんどん向上できます。

⚹ 競争上手

ライバルがいるほど、いろいろ作戦を練ったり、実際に対戦したりして、自分をパワーアップしていくことができます。また、相手を不快にさせることなく、楽しく競争し合うことができます。

⚹ 許容量が多い

許容量が多く、範囲も広いので、ちょっとしたことでイライラしません。そのできごとに対して、どうすればもっと良くなるかと前向きに考えていくことができます。そして、あとになって、あのときがあったからこそ今があるという見方ができます。

⚹ オープンマインド

心が広く、いつも開いているので、いろいろな人や状況に対して、それを祝福して迎えることができます。そうすると相手も心を開いてくれるので、良好なコミュニケーションをとることができます。

⚹ 機転が利く

その場その場で的確な判断をして、素早く行動に移すことができます。なにかあっても、フラストレーションをためて停滞することなく、サクサクと進んでいくので、一緒にいる人も気持ちがいいです。

✒ 得意分野を極める

探求心がとてもあるので、自分が知りたい分野は、とことん調べたり、研究したりしてレベルを上げていきます。そして、それを知りたい人がいるならば、もったいぶらずに、快く教えることができます。

月を自分のものにできていないとき

✒ 部屋が汚い

いろいろなものをため込んで整理ができず、部屋がごちゃごちゃしています。どれが必要で、どれが不要なものかがわからない状態に陥ってしまいます。

✒ 寄り道が多すぎる

なにをしたいかははっきりしているにもかかわらず、そのつど興味が湧いた方向に進んでいってしまうので、なかなかゴールにたどり着くことができません。また、途中で飽きてしまうこともあります。

✒ 面倒なことは後回し

面倒なことを後回しにしがちで、細かいところを詰めることが苦手なので、最初は早いのですが、なかなか形になりません。やりっぱなしになってしまうことも。

✖ 相手をコントロールしてしまう

人や物事を俯瞰して見ることができるので、相手が次にどう出てくるかがわかり、自分の持ってきたい方向に誘導することをしてしまいます。

✖ うんちく攻撃で惑わす

相手にわかりやすいようにというよりは、自分の知識をひけらかしたいがために、難しい言葉を使いまくります。

✖ フェイドアウトが得意ワザ!?

興味が無くなったり、気まずい状態になると、連絡がとれなくなったり、どこかへ消えてしまいます。

健康

月射手座の人は、肝臓や大腿部とリンクします。

肝臓や大腿部の調子が悪いときは、本来の自分と少しずれている可能性があります。しっかり癒して軌道修正をしましょう。

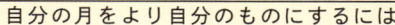

月 か ら の 処 方 箋
自分の月をより自分のものにするには

すすんで未知との遭遇を！

なにかをやろうとするときに、誰かにわかってもらおうと思わなくてもいいでしょう。自分がしたいからする！これができると月射手座さんの運は加速していきます。

未知との遭遇こそが、月射手座さんの生き方の醍醐味でもあるのです。

困難を恐れないで

月射手座さんにとって、困難はチャンスでしかありません。しかも困難が大きければ大きいほど、大きなチャンスになります。見直したり、改良したりしてプラスの方向にちょっとずつずらしていくと、素晴らしい軌道修正ができて、勢いよく飛んでいくことができます。

意見の違いこそ楽しみましょう

人それぞれ考え方、感じ方が違いますが、それを楽しんでいきましょう！

あっ、そういうとらえ方もあるんだな。

あっ、こういうときは、そう感じるんだな。

ポイントは、相手の意見を変えようとしないこと！　これだけです。

🌙 旅すれば旅するほどパワーアップ！

月射手座さんは、旅に出かけてください。どんどん動き、どんどん旅に出るとエネルギーも運もチャージされます！

旅は、遠ければ、遠いほどGOOD‼ そして、思い立ったらそのときが旅立ちの日！

🌙 変化は、新しいあなたになるための通過点です

人間は変わるということを嫌う傾向にありますが、月射手座さんにとっては、変化を取り入れると願いが叶うスピードが加速します。

変わることを歓迎しましょう。それは、バージョンが上がるというお知らせです。変化は楽しむものです。

♈ **月牡羊座の人**…気持ちが通じやすい相性。居心地はよいのですが、刺激は足りないです。

♉ **月牡牛座の人**…理解し合うには、いちいち丁寧に説明する必要があります。

♊ **月双子座の人**…自分にないものを持っているので、お互い人として気になる存在です。

♋ **月蟹座の人**…理解し合うには、いちいち丁寧に説明する必要があります。

♌ **月獅子座の人**…気持ちが通じやすい相性。居心地はよいのですが、刺激は足りないです。

♍ **月乙女座の人**…納得できない部分もありますが、許し許されながら、お互い成長していく関係でもあります。

♎ **月天秤座の人**…生産性がある相性。協力し合うと面白いことが起きます。

♏ **月蠍座の人**…あなたがフォローしたくなる人です。

♐ **月射手座の人**（月星座が同じ）…気持ちが通じやすい相性。居心地はよいのですが、刺激は足りないです。

♑ **月山羊座の人**…あなたをフォローしてくれる人です。

♒ **月水瓶座の人**…生産性がある相性。協力し合うと面白いことが起きます。

♓ **月魚座の人**…納得できない部分もありますが、許し許されながら、お互い成長していく関係でもあります。

月射手座の
あなたへのメッセージ

人生は選択の連続です。
なにかが違うと感じるなら、
選択を変えてみればいいのです。
選択を変えても、まだ違うと感じるなら、
また選択を変えてみればいいのです。
どちらにしろ、あなたが経験すべき必要な未来が
用意されているものです。

ｂｙキャメレオン竹田

月が♑山羊座の人

♑ ムダを嫌う

合理主義で、ムダを嫌います。よぶんなものを省いていくので、要点をまとめたり、目的までの最短コースを見つけ出すことに長けています。

♑ 責任感が強い

責任感があり、一度かかわったことは途中で投げ出さず、約束を守り、きちんと責務を果たします。

♑ 大人的なふるまい

感情をあらわにせず、感情を動かされることがあっても、なるべく抑制して、大人的な対応をします。

♑ 縦のつながりやルールを意識

上下関係を大切にしたり、規則を守ったり、計画通りに物事を遂行したり、言われたことをきちんとやったり、行事に休まずに参加したり…と、まじめな性分です。

月を自分のものにできているとき

♑ 努力を惜しまない

　自分がかかわることに関して、それをより良くしていくための努力を惜しみません。そしてなにより、改善方法を考えたり、計画を練ったりすることが楽しいのです。

♑ やることなすこと、成果を残す

　なにかをやるとき、ただやるだけで終わりではなく、それをしっかり意味あることや、形にしていくことができますし、維持力もあります。また、失敗しても、それを踏まえてより良いものにしていきます。

♑ 計画性がある

　計画性があり、こうしたいという目標までを、段階を踏みながらきちんと遂行することができます。

♑ みんなをまとめる力がある

　リーダーシップがあり、みんなをまとめたり、安心させたり、指揮したりするパワーを発揮します。

♑ 好感度の高い身だしなみ

　身だしなみがきちんとしていて、周りに信用や好印象を与えます。

♑ お金の管理が得意

　現実的で地に足がついているので、お金の管理もきちんとできます。そして、それは日々の安心感にもつながります。

♑ 必要・不要を見分けられる

　人、モノ、状況すべてにおいて、自分に必要なことと不必要なことが把握できています。また、よぶんなことにエネルギーを注がず、必要なところに注ぐので、クオリティーの高いパフォーマンスを発揮できます。

月を自分のものにできていないとき

♑ 肩書きに弱い

　人柄や人間性よりも、立場や肩書き、学歴などで人を判断しがちです。

♑ 自分に素直になれない

　自分の気持ちをなかなか素直に表現することができず、特に人間関係で誤解を生んだり、うまくいくものがうまくいかなかくなってしまうことがあります。

♑ 失敗する恐怖心が強い

　失敗することを恐れるあまり、なかなか挑戦する勇気が

持てません。

♑ 過去の後悔＆未来の心配をしすぎる

過去のできごとに落ち込んでみたり、未来を心配しすぎて身動きがとれなくなるなど、ありえない心配やマイナスのポイントばかりに思考をフォーカスしてしまいがち。それではずっとその状態で膠着してしまい、発展が望めません。

♑ 相手の気に障ることを言う

言葉に愛や思いやりを乗せることができなくなり、相手がグサッとくる言葉をそのまま発してしまいます。

♑ ムダを省きすぎる

時間がもったいない！という意識が強く、いつも時間に追われている心理になり、今この瞬間を楽しむ余裕がなくなります。ムダをすべて省くようになってしまうと、早口の機械人間みたいになってしまうことも。

♑ 結果ばかり重視

結果がすべてととらえてしまいます。そして、結果が良くないと自分を責めます。

月山羊座の人は、歯や骨、関節、そして皮膚とリンクします。

　歯や骨、関節、そして皮膚の調子が悪いときは、本来の自分と少しずれている可能性があります。しっかり癒して軌道修正をしましょう。

月 か ら の 処 方 箋
自分の月をより自分のものにするには

期待しないで、今に没頭しましょう

　自分に対しても、人に対しても、期待をすると、期待通りにならないときに落ち込みます。期待して「待ち」の態勢になることは、可能性の範囲を狭めたり、自分や人を責めるキッカケになります。ただ目の前のことを楽しめば、期待をはるかに超えた範囲まで可能性が広がります。

あらゆる制限を解除！

「しなければならない！」などの、自分に課する制限を解除しましょう。

　自分で自分に課している思い込みは、小さいころから親や先生に埋め込まれてきた固定観念の可能性があります。「しなければならい」という義務感を、「したいからする！

楽しいからする！」に、ひとつずつ差し替えていくと、制限が少しずつ解除されて、自分の可能性が広がっていきますし、自分の人生をしっかり生きていくことにつながります。

あなたの人生は、あなたの自由意志で生きていいのです。

ただし、ゴールを決めておくことはとてもいいことです。月山羊座さんは、こうなりたいというゴールを決めておくと、それをまっとうするパワーが生まれます。

☽ 感じるままに生きてみましょう

もっと自由に気持ちを表現してみましょう。好き！楽しい！嬉しい！…辛い！悲しい！寂しい！

ものわかりのいい大人の仮面を外して、思いっきり自分の感情を出す時間も大切にしましょう。本当のあなたを出すことによって、本当の人間関係が生まれます。

☽ 常識よりも、心のセンサーを信じて

常識や、みんなからどう思われるかに支配されながら物事を判断するのではなく、自分の心がさわやかになるほう、自分の心が惹かれるほう、自分の心が幸せを感じるほうを選択していきましょう。

あなたの心のセンサーが、すべてを正しい方向に導いてくれています。

後悔しなくていいのです

あのときああしていればよかった…などと、変えられない過去を後悔しないようにしましょう。

すべてのできごとは、あなたの魂が成長するための必要な経験として起こります。

人生のカリキュラムに組み込まれていただけです。

違う世界を見に行くのも大切

いろいろな世界観を知りましょう。

自分ではあたりまえだと思っていたことや、非常識と思っていたことが、グルっとひっくり返ることがあるかもしれません。

人それぞれに世界観があります。いろいろな世界を知って、それぞれの良さを知ることで、あなたの世界観も一段と輝いていきます。

そして、あなたの世界の代表はあなたなのです。

おもしろいことを隠さない

月山羊座さんは、ここだけの話、かなりおもしろい要素を持っています。ふだん大人をよそおっていますが、どこか漏れ出てしまっています。

でもそれは、もっと漏らしちゃってOKです。自分のおもしろさを、遠慮しないで出してしまいましょう！　それは、あなたのみならず、みんなの心を楽しくさせます。

◐ イメージだけでなく、リアルにふれてみて

　月山羊座さんは、こうなりたい！という目標を、自分で
きちんと発見することができれば、そこに向かって実現化
していく努力を惜しまないタイプです。そして実際、実現
する力も持っています。

　この人みたいになりたい！　こんな成功を収めたい！
これを作って世の中に広めたい！　などという夢があれば、
その人に会いに行き、その成功を見に行き、そのものをさ
わって観察してきましょう。

　リアルに接して、自分の中にインストールしてくれば、
実現に一歩近づきます。

◐ 形から入っても OK です！

　なにかをしたいときに、それをまじめにひとつずつクリ
アしていくのではなく、まだ中身を決めていなくても、最
初にパッケージから入ってしまうのもひとつの手です。

　そういうやりかたも、月山羊座さんは得意ですから。

♈ **月牡羊座の人**…納得できない部分もありますが、許し許されながら、お互い成長していく関係でもあります。

♉ **月牡牛座の人**…気持ちが通じやすい相性。居心地はよいのですが、刺激は足りないです。

♊ **月双子座の人**…理解し合うには、いちいち丁寧に説明する必要があります。

♋ **月蟹座の人**…自分にないものを持っているので、お互い人として気になる存在です。

♌ **月獅子座の人**…理解し合うには、いちいち丁寧に説明する必要があります。

♍ **月乙女座の人**…気持ちが通じやすい相性。居心地はよいのですが、刺激は足りないです。

♎ **月天秤座の人**…納得できない部分もありますが、許し許されながら、お互い成長していく関係でもあります。

♏ **月蠍座の人**…生産性がある相性。協力し合うと面白いことが起きます。

♐ **月射手座の人**…あなたがフォローしたくなる人です。

♑ **月山羊座の人**（月星座が同じ）…気持ちが通じやすい相性。居心地はよいのですが、刺激は足りないです。

♒ **月水瓶座の人**…あなたをフォローしてくれる人です。

♓ **月魚座の人**…生産性がある相性。協力し合うと面白いことが起きます。

月山羊座の
あなたへのメッセージ

人生のさまざまなことは、

あなたの魂がどんどん素敵になるために

仕組まれています。

困難さえも

それをいかに楽しく乗り越えることができるか！

それが人生の醍醐味。

人生のテクニシャンになれば、

困難を、ただ乗り越えるどころか

その前よりもっと

良い状況にしてしまえるようになります。

そして、すべてのできごとに感謝したくなるのです。

ｂｙキャメレオン竹田

月が ♒ 水瓶座の人

基本的な性格

♒ 人の意見も、自分の意見も尊重する

人は人、自分は自分という基本ルールを持っています。自分の考えは自分の考えとして大事にしていますが、「あなたはあなたの考えを大事にしていてOK！」というスタンスで、相手の考え方も尊重します。

♒ 程よい距離感

人と程よい心の距離感を保ちます。距離が近すぎたら少し離れてみたり、距離が遠かったら少し近付いてみたりして、調整を図ることが上手です。

♒ 個性的！

オリジナリティが強く、自分と人との違いを楽しみます。個性をいかしたり、表現したりすることが得意です。人からよく「変わってる！」と言われますが、それこそが月水瓶座さんにとっての誉め言葉でもあります。

♒ 大衆的なことには興味ナシ

みんながやっていることにあまり興味を抱かず、ちょっ

と変わったことや、オリジナル度が高いものに興味を抱きます。

おもしろいものを発見するだけでなく、自ら生み出す才能があります。

≋ 合理的発想

合理的な発想をするので、「なければ持ってくればいいでしょ！」「落としたら、新しいのを買えばいいでしょ！」などと、そこに生じる負の感情を省いてしまえます。それが人からは、あまり感情が無いように見えて、損をすることも。

≋ 横のつながりを大切にする

肩書や年齢、社会的成功うんぬんを取り払った、横のつながりを求めていきます。えこひいきをせず、誰にでも同じ感じでかかわっていきたいのです。

月を自分のものにできているとき

≋ 独創的なアイディアが浮かぶ

宇宙的な発想ができるので、かなりおもしろいアイディアを思いつきます。

❤ 自分のことが大好き＆尊敬している

　自分のことが大好きです。そして自分をひとりの人間として
ちゃんと尊敬もしています。

　ひとりの時間も楽しむことができ、自分にとっての新鮮
な刺激を積極的に取り入れて、いつも楽しい自分でいるこ
とができます。

❤ 誰に対してもフレンドリー

　博愛主義で、誰に対してもやさしく、横柄な態度をとら
ず、フレンドリーに接することができます。えこひいきも
しません。

❤ 自己プロデュース上手

　自分がどうすればいちばん魅力的に映るかを知っていま
す。自分に似合うファッションや、自分の見せ方も熟知し
ています。楽しく自己プロデュースする能力の持ち主です。

❤ 人を頼る才覚を持つ

　得意な部分とそうでもない部分をきちんと知っているの
で、苦手な部分は迷わず人に頼ることができます。

❤ オリジナリティで目立つ

　集団の中にいても、個性が光り人気者になります。存在
感と独特のオーラがある人。

♒ 人に頼れなくなる

人に頼らず、最初から最後まで全部自分でやろうとして
しまいます。それが楽しくて仕方がないのならいいのです。

でも、自己犠牲的な気持ちでそれをしてしまうと、スト
レスで疲労困ぱいになってしまいます。

♒ 反抗的

上からものを言われたり、自分がやろうとしていること
に真っ向から反対されたりすると憤慨し、やたらと反抗的
な態度をとってしまいます。

♒ いろいろ捻じ曲がる

寂しいのに、相手に寂しいと言えずに、その苦しさを違
うところで爆発させたりします。買い物に走ったり、怖い
世界に飛び込んだり、奇抜すぎるファッションをしてみた
り、自分で自分を傷つけてしまったり…。

♒ 考えすぎて神経が弱る

「どうしてあのときあの人はこう言ったのだろう？」など
同じことを細かく繰り返し考える回路を作っていまいます。
自分では解決しないことばかりを考え続けると、ノイロー

ゼになってしまいます。

♒ 肝心なところで話をそらす

　自分の感情を知られることに恥ずかしさがある人です。相手から感情をあらわに表現されることにも、恐れや恥ずかしさが生じるので、感情が絡んだやりとりが続くと、大事なところで話をそらしたり、その場から早く立ち去ろうとします。

♒ 個性を隠す

　自分の個性は受け入れられにくいという思い込みで、本当の自分を隠して、周りに合わせて普通に過ごしたりします。すると、やはり違和感がぬぐえないでしょう。

健康

　月水瓶座の人は、膝から足首のあたりと、静脈とリンクします。
　膝から足首のあたりや、静脈の調子が悪いときは、本来の自分と少しずれている可能性があります。しっかり癒して軌道修正をしましょう。

月 か ら の 処 方 箋
自分の月をより自分のものにするには

ありのままの自分を見せましょう

そのままの自分で生きることで、みんなを幸せにできる月水瓶座さん。見ているだけでおもしろく、新鮮な魅力を持つあなたに、周りは希望の光を感じるのです。

好きなことは我慢しないで

好きなことをどんどんしましょう！

鳥だったら飛びたいですよね！

モグラだったら掘りたいですよね！

さあ、あなただったら何がしたい！？

「〜したい」という気持ちがあるということは、それをするほうが自然だということです。

人に理解してもらえなくても OK です！

批判する人を気にしなくてOK。

自分たちの常識にないことをすると、人は反発しようとする習性があります。それにいちいち左右されなくていいのです。あなたは、あなたの世界をおもしろくすることが使命なのですから！

そうそう、月水瓶座さんは宇宙人ですから、地球人にわかってもらおうとすること自体、ムリがあります。

形やルールにとらわれなくていい

常識を疑いましょう。

みんながするから、これが常識だからということにとらわれないようにしましょう。

今、あたりまえでないことは、まだルールや常識になっていないだけかもしれません。

どこからどこまでが正しいという概念はいったん忘れて、あなたの心が楽しくなるほうを選んでいきましょう。あなたのスタイルでOKです。

落ち込んだときは、友人に相談しましょう

月水瓶座にとって、友人はとっても大切な存在です。混乱したときや悩みがあるときは、ぜひ、気の合う友人に相談をしましょう。

結論は出なくても、自分の気持ちをわかってもらえるだけで、とても救われて元気をとりもどすことができます。

宇宙的視点で見てみたら？

小さいことでクヨクヨしたり、迷いが生じてきたら、いったん宇宙にワープをして、宇宙からの視点であなた自身を観察してみましょう。

宇宙的視野からすべてを見てみると、その状態はとっても小さく、それってどっちでもいいじゃない!? というレベルで観察することができるようになります。

ラフに言ってしまうと、うまくいっていても、うまくいっていなくても、宇宙から見たらどうでもいいレベルということです。

　月水瓶座さんは宇宙人ですから、宇宙的視野をぜひ取り入れてみましょう。

🌙 自分の天才性を認めてあげて！

　月水瓶座さんは、発想が天才的です。それを自分でも認めてあげてください。あなたは、すごい人なのです。

♈ **月牡羊座の人**…生産性がある相性。協力し合うと面白いことが起きます。

♉ **月牡牛座の人**…納得できない部分もありますが、許し許されながら、お互い成長していく関係でもあります。

♊ **月双子座の人**…気持ちが通じやすい相性。居心地はよいのですが、刺激は足りないです。

♋ **月蟹座の人**…理解し合うには、いちいち丁寧に説明する必要があります。

♌ **月獅子座の人**…自分にないものを持っているので、お互い人として気になる存在です。

♍ **月乙女座の人**…理解し合うには、いちいち丁寧に説明する必要があります。

♎ **月天秤座の人**…気持ちが通じやすい相性。居心地はよいのですが、刺激は足りないです。

♏ **月蠍座の人**…納得できない部分もありますが、許し許されながら、お互い成長していく関係でもあります。

♐ **月射手座の人**…生産性がある相性。協力し合うと面白いことが起きます。

♑ **月山羊座の人**…あなたがフォローしたくなる人です。

♒ **月水瓶座の人**（月星座が同じ）…気持ちが通じやすい相性。居心地はよいのですが、刺激は足りないです。

♓ **月魚座の人**…あなたをフォローしてくれる人です。

月水瓶座の
あなたへのメッセージ

あなたは、あなたの創造主です。
さあ、好きなようにあなたを創っていきましょう。
あなたが楽しく、そして
鮮明に思い浮かべられることは、
必ずその通りになります!

ｂｙキャメレオン竹田

☾月が♓魚座の人

♓ 共感・同調能力が高い

とてもやさしい心を持っていて、いろいろな人や状況に共感していきます。

それはしばしば時空を超えていくので、知らず知らずのうちに、異界にリンクをすることもあります。

スピリチュアル能力を持っている人も多いです。

♓ 奉仕的で、人を癒せる

困った人を放っておけず、助けます。また、そこにいるだけでも人を癒すパワーがあります。

♓ 感性が豊かでファンタジック

感性が豊かで、ものごとをあらゆる角度から感じ取り、発想も豊かでファンタジックです。その感性を、おもしろい企画や芸術、あるいはデザイナー的なセンスとしていかしていく人もいるでしょう。

♓ 妄想族 !?

プラスのこともマイナスのことも、いろいろ妄想して楽

しむところがあります。逆に、妄想することがなにも無くなると暇に感じてしまうふしがあります。

月を自分のものにできているとき

♓ 好きなことをして、周りを癒す

自分が本当に好きなことをしていれば、自分が満たされるだけでなく、周りも喜んでくれることを知っています。いつもイキイキ楽しいことをしています。

♓ イメージすることが上手

こうなりたい！という願望を具体的にイメージすることができるうえ、こうなりたい！を現実にしてしまうパワーを持っています。

♓ 極上のやさしさで、みんなに好かれる

人、動物、場所などいろいろなものに共感してやさしく受け止めることができます。かと言って、感情移入しすぎて振り回されることはなく、対象を癒すことで自分も癒されていくでしょう。みんなに好かれて、かわいがられていく人です。やさしい子犬みたいな感じでしょうか。

♓ 感性をいかして人を喜ばせる

持ちまえの感性を楽しく使いこなしたり、表現すること

で、人を喜ばせることができます。芸術的なものからスピリチュアルなものまで、ジャンルは実に幅広くさまざまです。

♓ マザーテレサのような無償の愛

なんの見返りもなく、相手の幸せを願ってどんどん与えることができます。それは巡り巡って自分に返ってくるので、いつも誰かを応援しているつもりが、いつもたくさんの人に応援されることになります。

月を自分のものにできていないとき

♓ 同時にふたつの矛盾した願望を持つ

違う方向性のふたつの願望を同時に持って、それらが引っ張り合うので、現実的にはなかなか願望が叶いにくくなります。

♓ NO が言えない

やさしいのと、相手の気持ちもわかるのとで、なかなかNOが言えません。結果的に、相手に振り回されてしまいます。自己犠牲モードになりがち。

♓ 共感しすぎて解決しない

いろいろな人や状況に感情移入をしすぎてしまい、相手

の悲しみなのか、自分の悲しみなのかすら区別がつかなく
なってしまいます。結果的に、なんの解決もしないまま、
あなたの悲しみが増えただけになってしまいます。

♓ 部屋にものがあふれる

必要なものと、不必要なものの区別がつかずに、あれも
これもと集めてくるので、部屋にものがあふれてしまいま
す。

また、いただきものは、たとえまったく不要なものでも、
相手に悪いと思って捨てることができません。

健康

月魚座の人は、足の裏、リンパとリンクします。

足の裏の調子が悪かったり、リンパの流れが悪くだるさ
を感じるときは、本来の自分と少しずれている可能性があ
ります。しっかり癒して軌道修正をしましょう。

月 か ら の 処 方 箋
自分の月をより自分のものにするには

ひとつずつ向き合いましょう

いろいろなことを一気に解決しようとすると、どれもこ
れも中途半端になってしまいます。ひとつずつ紐をほどい

ていきましょう。ひとつ解決すると、不思議なことに、連動してほかの部分も解決していきます。

スピリチュアルをいかしてみて

月魚座さんには、とてもスピリチュアルな資質があります。

「なんとなく！」という感覚をいつも意識してみてください。そこに、見えないなにかからのメッセージが仕込まれていたりします。

線引きをしましょう

自分と相手との間に、立ち入れる部分と、立ち入れない部分の境界を決めておきましょう。

そこを決めておくだけでも、自分を守ることができます。

幸せの条件を外に求めないで

あの人が離れたら苦しい！

結婚したら幸せになる！

子供ができたら幸せになる！

これって全部、今を生きていません。幸せは、外にはありません。今無いものが幸せを連れてきてくれるわけでもありません。

いつも幸せな人は、今も未来も幸せを見つけることができ、いつも幸せでない人は、今も未来も幸せを見つけるこ

とができません。

🌙 誰かやなにかのせいにして、自分を生きないのは NG ！

　もっと自分のしたいことをしましょう。家族や、時間や、お金や、仕事など、なにかを理由にして「したいけどできない！」という言い訳をやめてしまいましょう。

　できない理由を探してしまうのは、本当の自分を生きることを恐れているせいかもしれません。

🌙 もっと正直に生きましょう

　嫌なものは嫌でいいのです。

　人の顔色をうかがいながら行動したり、人に合わせることが正解ではありません。

　あなたが正直に生きれば、あなたの周りの人も正直に生きるようになります。つまり、それは人助けでもあります。

　好きなものは好き！という自分の基準を、もっと大切にしてください。そうすれば、イキイキと自分を生きることができます。

🌙 状況によっては客観的な視点を持って

　月魚座さんは、人に感情移入しすぎてしまう傾向があります。しかし、人に起こるできごとは、その人に必要な経験としてやってきて、それで人は成長していきます。

　たとえその人が身内だとしても、心配しすぎたり、一緒

に苦しむのではなく、少し客観的視点を意識して対応しましょう。

☽ 人の心は、あなたの心と違います！

　いくら説明しても、共感してもらえないことがあります。そんなとき、「なんでわかってくれないの!?」と嘆くのではなく、人それぞれ感じ方や心のもっていき方が違うということを思い出すといいでしょう。共感してもらえなくても、問題ありません。

☽ 去る者を同情で追わないで！

　あなたが素敵になっていくと、今まで仲の良かった人がどんどん離れていったり、悪口を言ったりすることがあります。それは、あなたが成長を遂げていっている印。離れていく人にしがみついたり、同情するのではなく、楽しくなっていく前向きな自分に集中しましょう。そうすると、前向きで楽しくて素敵な人たちが、あなたの周りにますますやってくるようになります。

☽ 他人の願望を推し量りすぎる必要はありません

　この人はこうしてほしいんだろうな…ということを想像して、それを優先しないようにしましょう。大切なのはあなたの気持ちです。あなたが心地よいほうを自由に選択して生きていいのです。自分を尊重してOKなのです。

♈ **月牡羊座の人**…あなたをフォローしてくれる人です。

♉ **月牡牛座の人**…生産性がある相性。協力し合うと面白いことが起きます。

♊ **月双子座の人**…納得できない部分もありますが、許し許されながら、お互い成長していく関係でもあります。

♋ **月蟹座の人**…気持ちが通じやすい相性。居心地はよいのですが、刺激は足りないです。

♌ **月獅子座の人**…理解し合うには、いちいち丁寧に説明する必要があります。

♍ **月乙女座の人**…自分にないものを持っているので、お互い人として気になる存在です。

♎ **月天秤座の人**…理解し合うには、いちいち丁寧に説明する必要があります。

♏ **月蠍座の人**…気持ちが通じやすい相性。居心地はよいのですが、刺激は足りないです。

♐ **月射手座の人**…納得できない部分もありますが、許し許されながら、お互い成長していく関係でもあります。

♑ **月山羊座の人**…生産性がある相性。協力し合うと面白いことが起きます。

♒ **月水瓶座の人**…あなたがフォローしたくなる人です。

♓ **月魚座の人**（月星座が同じ）…気持ちが通じやすい相性。居心地はよいのですが、刺激は足りないです。

月魚座の
あなたへのメッセージ

あなたが楽しんでいる姿が、

周りのみんなを楽しませます。

あなたが喜んでいる姿が、

周りのみんなを喜ばせます。

あなたが元気でいる姿が、

周りのみんなを元気にします。

だから、楽しんで、喜んで、元気でいてください。

あなたのそのパワーは絶大です。

ｂｙキャメレオン竹田

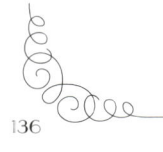

第 3 章

月星座別
おすすめ神社
パワースポット

☾ 神社に親しんで、月のパワーをチャージ

わたしは神社が大好きで、お茶をしに行く感覚で、いろいろな神社に行っています。神社に行くこと自体が、とても楽しいのです。

人間同士もそうですが、何度も足を運ぶと顔なじみになりますよね。それと一緒で、神様と仲良くなれるんです。仲良くなると、神様は、ふとしたときにあなたを応援してくれたり、守ってくれたりします。

ヒントが降りてくるという形をとったり、いつのまにかうまい具合に時間や人が調整されていたり…いろいろと、お導きくださります。

また、神社は、山奥にあることもありますし、島にあることもあります。神社があるおかげで、参拝のためにいろいろな土地に出向くことができます。せっかく日本という四季折々の景色が美しく、神社というパワースポットがたくさんある素晴らしい神々の国にいるのですから、ぜひとも、いろいろな神社に行ってみてくださいね。

そこで、まず外せないのが、産土神社と、氏神神社です。産土神社は、自分が生まれた土地の神様が祭られていて、その土地で生まれた人を、生まれる前から死んだ後まで守

ってくれます。

　氏神神社は、自分が住んでいる土地の神様が祭られてい
て、その土地に住んでいる人を守ってくれます。

　月は、この産土神社、氏神神社と、とくに密接です。な
ぜなら月は、心や体、そして、住まい、居場所、生活など
をも意味するからです。

　このふたつの神社には、いつも感謝の気持ちを持ち、そ
して、ぜひ参拝に行きましょう！　神様が喜んでくれます
し、あなたの月も浄化＆パワーチャージされます。

　産土神社も、氏神神社も、神社庁に問い合わせればわか
ります。

　産土神社なら生家の都道府県の神社庁に電話をして、
「産土神社を教えて欲しいのですが…」と問い合わせます
と、住所を教えてくださいと返答が来ますので、住所を伝
えれば教えてもらえます。

　氏神神社は、今住んでいる家の都道府県の神社庁に電話
をして聞いてください。

　また、神社庁でもわからない場合は、
「○○神社か、○○神社だと思います。神社に直接問い合
わせてみてください」などといった具合に、丁寧に教えて
くれます。

各神社庁の連絡先は、神社本庁の公式ウェブサイトにあります。インターネットにて「神社庁」で検索してみてください。

http://www.jinjahoncho.or.jp/introduction/jinjacho

　なお神社によっては、天候や積雪の関係で冬は参拝できないところもあります。山奥にある神社に参拝に行くときは事前に確認しておくといいでしょう。

　また、産土神社や氏神神社以外でも、家の近くに好きな神社、ここちよく感じる神社があれば、もちろんそちらにも参拝に行ってくださいね！

☾ 月星座別のおすすめ神社を厳選！

　さて、ここからは、わたしが実際に行って、肌で感じて、とてもよかった神社をご紹介します。参考にしてみてください。
　月星座を火、地、風、水の４つのエレメンツに分けて、それに合う神社を選びましたので、ぜひ足を延ばして、素敵な波動を感じてパワーアップしてください！
　また、自分の月星座以外でも補強したい要素があれば、そのエレメンツのおすすめ神社にぜひ出向いてください。

グレードアップしたり、心のテンションを上げたければ「火」

　健康的になったり、地に足をつけてしっかり生きていきたければ「地」

　縁を広げたり、いろいろな情報が欲しければ「風」

　心を癒したり、人気運を上げたり、芸が上達したければ「水」

　と、こういった具合です！

　なお、わたしは、日ごろたくさんの神社巡りをしているので、ここに挙げた神社は、ほんの一部にすぎません。あなたはあなたで、体感しながら、自分にぴったりの神社を見つけていってくださいね。

　ちなみに、各エレメンツのおすすめには入っていませんが、伊勢神宮の外宮と内宮をまわれば、火・地・風・水、オールインワンです！

　そして、もうひとつ！

　パワースポットは神社だけではありません。あなたが心地よくて元気になるあらゆる場所が、あなたのパワースポットです。とくに、

　月が火（牡羊座、獅子座、射手座）の人は、日の光がよく当たる場所や、実際に火を見たり感じたりできる場所。

　月が地（山羊座、牡牛座、乙女座）の人は、大地を感じ

られる場所や、その場所で土地のものを美味しく食べること。

　月が風（天秤座、水瓶座、双子座）の人は、風を気持ちよく感じられる場所や、空を飛ぶ乗り物に乗ること。

　月が水（蟹座、蠍座、魚座）の人は、水の音や流れを感じられる場所や、実際に美味しい水を飲んだり、泳いだりして水を感じること。

　こういったことも、頭の片隅に入れておくといいでしょう。

　ちょっと元気がないときに、そこに出向いてみるのです。するときっと、パワーチャージすることができますよ。

　そして、さらにパワーアップする方法としては、

　好きな人間と一緒に行く！

　パワースポット周辺で美味しいもの食べる！

　パワースポットひとつだけではなく、何箇所かセットでまわる！

　この３つは、すごく効果テキメンですから、覚えておいてくださいね。

熱田神宮（愛知県名古屋市）

　三種の神器のひとつ「草薙の剣」と、天照大神を祀り、1900年以上の歴史を持つ由緒ある神社です。約6万坪とされる敷地に満ちている神聖な空気！　弘法大師のお手植えとされ、蛇が住むといわれる大楠も必見。

香取神宮（千葉県香取市）

　本当に気持ちがいい空間です。神宮だけでなく、香取市佐原にある歴史的な建造物が残る町並みがとても素敵なので、ぜひ立ち寄ってみてください。重要伝統的建造物群保存地区として選定されています。

浅草神社（東京都台東区）

　通称、三社権現社。力強いエネルギーをもらえる場所です。鳥居をくぐると、とても大きくて迫力のある狛犬が出迎えてくれます。ちなみに、こちらの狛犬さんは、キャメレオン竹田の好みのタイプ。

宝登山神社（埼玉県秩父郡）

　ミシュラン・グリーンガイド・ジャポンにも選ばれた名勝地。カラフルでキュートな本殿は必見！　ご神水が気持ちよすぎます。近くにあるかき氷屋さんもおいしいです。

諏訪大社 上社 本宮 （長野県諏訪市）

　御柱祭で有名。4本の御柱を見つけられるかがポイント！　本宮の御柱は2本が林の中にひっそりと隠れているので探してみてください。布橋と呼ばれる回廊を歩くと、とても幸せな気分になります。

諏訪大社 上社 前宮 （長野県茅野市）

　二社四宮のうち、最初に諏訪大明神が訪れたとされるのが前宮です。神聖な御柱にすべて触れられるのが特徴。近くを流れる小川のせせらぎを聞いて気持ちをクリアに！

宝徳山稲荷大社 （新潟県長岡市）

　縄文の昔から続くというとても伝統ある神社です。毎年11月2日の深夜に行われる神幸祭（よまつり）での蝋燭祈祷が楽しく、そして美しい！

橿原神宮 （奈良県橿原市）

　15万坪以上とされる神苑は厳かで爽快。背後にそびえる畝傍山も含めて、壮大なスケールを感じられます。なにしろ日本の始まりとされる地。何もかもがビッグ！

武田神社 （山梨県甲府市）

　祭神はかの名将・甲斐の武田信玄！　武田家の家宝が眠る宝物殿もチェックしてみて。ほうとうを食べるのと、セ

ットで行きましょう。お土産には信玄餅を。

愛宕神社 （東京都港区）

東京23区で最も標高が高い愛宕山（25.7メートル）に位置する神社です。「出世の石段」と呼ばれる急な石段に注目！　階段を登って、人生も一気に高めていきましょう。

神倉神社 （和歌山県新宮市）

世界遺産「紀伊山地の霊場と参詣道」に含まれています。断崖絶壁に囲まれた神域の空気を吸って浄化しましょう！

ご神体のゴトビキ（ヒキガエル）岩も必見。

宮地嶽神社 （福岡県福津市）

大注連縄、大太鼓、大鈴と３つも日本一のものが見られます。毎月末深夜から行われる「朔日参り」は真夜中なのに大盛況。鳥居から海へと一直線の参道、その景色は圧巻。

賀茂神社 （滋賀県近江八幡市）

別名「御猟野乃杜賀茂神社」。御猟野は狩猟や競馬が行われる場所。日本初の国営牧場であった名残です。ウマの聖地としても有名。夜に行ってみると、ライトアップで昼とは違う不思議な空間に変化‼

出雲大社（島根県出雲市）

正式名称は「いずもおおやしろ」。夏場には入り口付近の水場で水浴びをするかわいいハトたちが見られます。神在月（旧暦10月）にいくと、八百万の神様がびっくりするくらいたくさんいます。

三峯神社（埼玉県秩父市）

秩父の山深くに足を踏み入れると見えてくる、絢爛な彩色を施された社殿。遙拝殿からのぞき見る開放感たっぷりの絶景が見どころです。御眷属信仰で知られる神様、お犬様を味方にできます。

伏見稲荷大社（京都府京都市）

全国に3万社といわれるお稲荷さんの総本山です。千本鳥居の参道は、まるで幻想の国への入り口。四ツ辻まで行ければ、神様からお声がかかるのかも！

富士山本宮浅間大社（静岡県富士宮市）

富士山の大噴火を鎮めるために浅間大神を祀ったことが起源。富士山を望む壮大な大鳥居をくぐって、大らかな気持ちに。桜の季節に行くのがベスト！

玉置神社 （熊野三山の奥宮）（奈良県吉野郡）

神様に呼ばれていない人はたどり着けないといわれています。とっても素敵な神社です。石楠花（しゃくなげ）が咲く時期は、さらに美しい！　神代杉は迫力満点！

小野照崎（てるさき）神社 （東京都台東区）

毎年6月30日と7月1日に、富士塚が開放されて、登頂することができます！　ここの富士塚はものすごいパワースポットです！　その時にしか手に入らない、蛇土鈴はぜひゲットしたい。

大元神社 （宇佐神宮・奥宮）（大分県宇佐市）

宇佐神宮から4kmほどの山道を登りつめたところにある奥宮。うっそうとした木々に囲まれるさまは、まさに古色蒼然。歴史の息吹が感じられます。

大神（おおみわ）神社 （奈良県桜井市）

日本最古の神社。拝殿のすぐうしろにある三輪山がご神体になっています。摂社の狭井（さい）神社にある薬井戸の御神水は、万病に効くといわれています。

新屋山（あらややま）神社 奥宮 （山梨県富士吉田市）

厳かな雰囲気の本宮からさらに進んで、富士山二合目へどうぞ。そこにある小さな奥宮が噂の日本一の金運神社。

金運を上げたいなら、ここで決まり！（奥宮は積雪の関係で12月〜4月下旬ごろまで参拝できません）

筑波山神社 （茨城県つくば市）

ご神体は国生み神話のオノコロ島ともされる筑波山。男体山と女体山が一体化している縁結びの神様です。この山を登ることに意味がある！

穂見神社 （山梨県南アルプス市）

どことなく懐かしくてやさしい神社。南アルプス市高尾にあるため「高尾さん」と親しまれています。桃山時代の様式を残す本殿は、県の文化財です。

被官稲荷神社 （東京都台東区）

浅草神社の裏手にひっそりたたずむお稲荷様。鳥居をくぐると、浄化＆充電が同時におこなわれる感覚に。とにかくものすごいパワーがあふれています。

四谷於岩稲荷田宮神社 （東京都新宿区）

四谷怪談のヒロインでもある実在の人物、お岩さんが信仰していた神社です。「有事人生」の御朱印は、人生はいろいろあって当たり前という意味。辛いことを受け入れたいならこちらへ。悪縁が切れて良縁に恵まれます。

太宰府天満宮 （福岡県太宰府市）

　学問の神様、菅原道真が祀られています。全国の受験生たちの願いが集結！　本場の梅ガ枝もちが美味しい！

猿田彦神社 （三重県伊勢市）

　サルタヒコは天孫降臨のとき道案内をした神様。あなたが進みたい道を切り開いてくれます！　交通安全祈願にも最高。

秩父神社 （埼玉県秩父市）

　12月の例祭「秩父夜祭」はユネスコの無形文化遺産になっています。祇園祭、飛騨の高山祭りと並ぶ、日本三大美祭。ほのぼのした雰囲気で、つい長居してしまうところ。

熊野本宮大社 （和歌山県田辺市）

　熊野三山と呼ばれる3神社のうちのひとつ。浄土の入り口とされ、お参りをして戻ってくることで再生の儀式となります。生まれ変わりたい！と思ったら行ってみて。

熊野速玉大社 （和歌山県新宮市）

　いわゆる熊野三山の一部。ユネスコの世界遺産にも登録されています。ここに行くと、いろいろな展開がスピード

アップしそう！

熊野那智大社（和歌山県東牟婁郡）

日本一の那智の滝に圧倒されます！　那智の滝を筆頭に、その数全部で四十八滝。マイナスイオンで気分も爽やかに。

戸隠神社 中社（長野県長野市）

河鍋暁斎の「龍の天井絵」は必見。火成岩主体の山から磨き抜かれた天然水が湧出しています。パワーストーンの浄化なら、ここの湧き水で！

上色見熊野座神社（熊本県阿蘇郡）

苔むした石段と石塔が、神秘の世界へいざないます。トトロが出てきそうな世界観！　直径10メートル以上の大風穴は異世界への入り口かも。

櫻井神社（福岡県糸島市）

災厄の神と浄めの神を祀っています。禊ぎをして、やり直すならここがおすすめ。筑前二見ケ浦には夫婦岩と白い鳥居があり、とっても素敵です！

神崎神社（千葉県香取郡）

本殿の隣には大きな楠。これが水戸黄門により命名されたと噂の「なんじゃもんじゃの木」です。噂の真偽はさて

おき、なんとなく懐かしくあたたかい空間！

龍田大社（奈良県生駒郡三郷町）

　風の神様が祭られています。境内を散歩するだけでも、心身ともに風通しがよくなって爽やかになるのを感じます。人生の上昇気流に乗りたい人は足を運んでみましょう。

宮古神社（沖縄県宮古島市）

　本殿や鳥居にラオス産の木が使われていてエキゾチック。広々として開放的な境内と青い空が、心のスケールを大きくしてくれます。

水 月星座が蟹座・蠍座・魚座の人におすすめ

佐瑠女神社（三重県伊勢市）

　猿田彦大神と結ばれた天鈿女命（あめのうずめのみこと）が御祭神です。清らかな社殿を見るだけでも感受性アップ！　芸道を究めたいなら行く価値ありです。また、縁結びにもGOOD。

戸隠神社 奥社（長野県長野市）

　天の岩戸をぶん投げた天手田力男命（あめのたぢからおのみこと）を祀っています。心身のパワーアップに最適！　ちなみに、戸隠の戸は、この地まで飛んできた天の岩戸を指します。とにかく、参道が素敵すぎます。

箱根神社 （神奈川県足柄下郡）

神様のパワーがこもったご神水ですべてを浄化！　人生や状況をクリアにしてもらえます。ペットボトルに入れてのお持ち帰りも OK。

九頭龍神社 （神奈川県足柄下郡）

芦ノ湖畔の本宮と箱根神社境内にある新宮。特に本宮は、なんらかの現象で、九頭竜さまの存在を感じられます。

白龍神社 （神奈川県足柄下郡）

白い鳥居がなんとも神秘的。家庭に幸せをもたらす白龍ひもをぜひ手に入れて！　祭神の白龍大神さまからは、勝負運も授けてもらえます。

天安河原 （宮崎県西臼杵郡）

天の岩戸の物語の舞台と目されている場所です。洞窟の中には天岩戸宮も。神話時代の空気が今も漂っていて、キャメレオン竹田一押し！

天河大弁財天社 （奈良県吉野郡）

鳥居をくぐったとたんになにかを感じるハイパワーな場所。あまりの心地よさに、ずっといたくなってしまうはず！
社務所では、是非、素敵な音色の五十鈴をゲットしよう。

竹生島神社 （滋賀県長浜市）

　毎年６月１０日に、三社弁才天祭があり、厳島神社、江島神社の弁財天様も竹生島神社に集結します！　島で蛇に出会うと歓迎されている印。

八大龍王水神社 永の内 （宮崎県西臼杵郡）

　むくの木そのままのお社に素朴さと神聖さが感じられます。勝負と商売にとても強い神様。お酒と卵を持って行くと喜んでくれますよ。

金華山 黄金山神社 （宮城県石巻市）

　境内は神のお使い「神鹿（しんろく）」が大勢たたずむゆるふわワールド。金運に強く、伊達政宗も信仰していたほど。３年続けて参拝に行くと、一生お金に困らないといわれています！

上神明天祖神社 （東京都品川区）

　白蛇様と仲よくなりましょう。旧地名は蛇窪で、白蛇が住んでいたとされます。あらゆる願いを叶えてくれるハイパワースポット！

八百富神社 （愛知県蒲郡市）

　使うと金運がアップする福種銭（祈祷ずみ５円玉）をゲットしましょう！　巡り巡って自分に福運やご縁が訪れま

す。島を一周歩くと、波動がパワーアップ。

幣立神宮 東水神宮（熊本県上益城郡）

　幣立神宮の奥にある階段を降りていくと東水神宮に辿り着きます。２つの竹筒からの聖水があります。MIXでいただきましょう。八大龍王が鎮まる池もあり、とっても素敵なパワースポット！

丹生川上神社 下社（奈良県吉野郡）

　日本最古の水神さまを祀っています。雨乞いや晴れをコントロールし、豊穣をもたらしてくれる神様です。拝殿と本殿を結ぶ７５段の木製の階段が素敵。神馬もかわいい！

二見興玉神社（三重県伊勢市）

　伊勢参拝の前にまず清らかな浜の二見浦にあるこの神社を訪れて。本当にすごい浄化力です。

厳島神社（広島県廿日市市）

　広島湾に浮かぶ海の中の神社。安芸の宮島として日本三景に数えられています。詣でると個性と才能が磨かれます。

宗像大社（福岡県宗像市）

　天照大神のご神勅により三女神が降り立ったとされる由緒ある神社。高宮祭場は特にすごいパワーがあります！

第4章

月の配置で
わかる
12のタイミング

☾ 月の動きに自分を合わせて、ツキを掴む！

　月はひとつの星座を約2日半で移動していきます。

　月の動きをあなたの運勢にいかそうとするなら、今、月はどの星座に入っているのかを知り、その星座と自分の月星座との関係性を見ていくことです。すると、ツキを掴むには、今なにをするべきかを知ることができます。

　月の動きと自分の行動のタイミングを合わせるだけで、同じ行動の結果も大きく変わってきます。たったそれだけで開運できるのですから、ぜひ取り入れてみてくださいね。

　月が今、どの星座にいるかを知るには、巻末の189ページ以降をご覧ください。

☾ 月の配置で大切な12のタイミングを知ろう

　月がいる星座と、あなたの月星座の配置によって、時期運は大きく12に分けることができます。

　まずは、その12の時期についてアドバイスを贈ります。実際の月星座別の時期運は161ページ以降を見て、あなたの月星座ごとに確かめてください。

①種植えと素早さ

　新しい物事のスタートをするといいときです。このとき
に始めたことは、増えたり大きくなっていきます。
「やりたい」と思ったことは、今すぐやってみましょう。
素早さが幸運の女神の前髪を掴むカギとなります。

②お金と才能

　金運がいいときです。
　思わぬ収入を得ることができるかもしれません。
　お金に変えられるアイディアが湧いたり、お金につなが
る才能を見出したりもするでしょう。お金についていろい
ろ考えてみるとGOOD！

③伝達と好奇心

　書いたり話したり、情報を伝えたりと、いろいろな人と
コミュニケーションをとることを通して、物事がよい方向
に動き始めます。
　また、イベントや会合に好奇心のおもむくままに参加し
てみたり、フットワーク軽く動いてみると、思わぬチャン
スを掴めます。

④家族と居場所

　家族や家についてフォーカスしてみるといいときです。

仲間や身内で何かを計画したり、一緒にご飯を食べたり和気あいあいと過ごすことで充実します。

また、住まいについて、長期的な視点で考えるのにもいいときです。

⑤遊びと創造

創造力が広がるときです。

自分がしたいこと、自分が創りたいものなどにトライして、クリエティブな行為を楽しみましょう。

また、楽しいことが増える時期でもありますから、童心にかえって、いちいち楽むことでツキを掴んでいきます。

ちなみに、人気運・モテ運も高いときです！

⑥健康と準備

健康に目を向けるといい時期です。疲れがたまっている人は、無理をしないで休憩したり、体調を整えたりと、メンテナンスをしていきましょう。

また、準備を整えるのにも適しています。

やりたいことがあるなら、前もって計画を立てて、必要なものを揃えていくといいでしょう。

⑦出会い・縁・パートナーシップ

あなたに必要な出会いが期待されます。どんどん外に出向いて行きましょう。

昔の縁が復活することもあります。昔の知り合いに連絡を取るのもいいでしょう。

　人との出会いや関係性が、思わぬ展開に発展するかもしれません。

　また、パートナーとしっかりとした関係性を築いていけるときでもあります。

⑧何事も濃く深く

　人、物事、お金、さまざまなことに、濃く深く丁寧にかかわってみましょう。

　自分にとって必要なこと、必要でないことをしっかり振り分けたうえで、必要なことには食い込んでいくと、素晴らしい集中力を投入でき、解決できなかったことが解決したり、あなたにとって、とても有意義な時間を過ごすことができるでしょう。

⑨チャンスとグレードアップ

　運気がどんどん盛り上がっていきます。

　より自由に、より自分が行きたい方向にスピードを上げ進んでいきましょう。

　積極的に行動することで、あなた自身がグレードアップしていきますし、チャンスも掴んでいくことができます。遠くに旅行するのにもいい時期です。

⑩達成と評価

物事を達成したり、頑張ってきたことが形になったりして評価されやすいときです。物おじせず、自分に自信を持って、表現していくことでさらに輝くことができ、いいことが連鎖して起きるようになります。

⑪横のつながりと未来投資

未来について関心が向くときです。自分の未来の夢を書き出したり、自己投資をしてみるのもいいでしょう。

また、横のつながりで楽しく過ごすことができます。友人や、同じ趣味を持つ人たちとコミュニケーションをとってみましょう。

⑫わたしの時間と軌道修正

今までやってきたことでも「なにかちがうな…」と思うことがあれば、確認したり、見直したり、手放してみるのにいいときです。

また、ひとりの時間を大切にしましょう。また、スピリチュアル関係や芸術に親しむと、いろいろなイメージが広がって今後の参考になるでしょう。

 月が ♈ 牡羊座にいるとき

新しいことを始めたくなるとき。直感が冴えるので、ふとしたときに素敵なアイディアが降りてきます。行動力も増すので、基本的には能動モードが吉。待たないで、自ら仕掛けていくと開運します。

月星座	月のサイン
♈ 月牡羊座の人	種植えと素早さ
♉ 月牡牛座の人	わたしの時間と軌道修正
♊ 月双子座の人	横のつながりと未来投資
♋ 月蟹座の人	達成と評価
♌ 月獅子座の人	チャンスとグレードアップ
♍ 月乙女座の人	何事も濃く深く
♎ 月天秤座の人	出会い・縁・パートナーシップ
♏ 月蠍座の人	健康と準備
♐ 月射手座の人	遊びと創造
♑ 月山羊座の人	家族と居場所
♒ 月水瓶座の人	伝達と好奇心
♓ 月魚座の人	お金と才能

月が ♉ 牡牛座にいるとき

五感の感覚が鋭くなるとき。美味しいものを食べたり、肌触りのよい服を身にまとったりすると、心身ともにリラックスし幸運体質になります。また、繰り返し作業することで、物事を形にできます。マイペースでOK！

月星座	月のサイン
♈ 月牡羊座の人	お金と才能
♉ 月牡牛座の人	種植えと素早さ
♊ 月双子座の人	わたしの時間と軌道修正
♋ 月蟹座の人	横のつながりと未来投資
♌ 月獅子座の人	達成と評価
♍ 月乙女座の人	チャンスとグレードアップ
♎ 月天秤座の人	何事も濃く深く
♏ 月蠍座の人	出会い・縁・パートナーシップ
♐ 月射手座の人	健康と準備
♑ 月山羊座の人	遊びと創造
♒ 月水瓶座の人	家族と居場所
♓ 月魚座の人	伝達と好奇心

月が♊双子座にいるとき

頭の回転が速くなるとき。いろいろな情報を話したり、書いたりして人に伝えていくことが楽しくなります。フットワークも軽くなるので、気になるところにどんどん顔を出していくと、思わぬ幸運をゲット！

月星座	月のサイン
♈ 月牡羊座の人	伝達と好奇心
♉ 月牡牛座の人	お金と才能
♊ 月双子座の人	種植えと素早さ
♋ 月蟹座の人	わたしの時間と軌道修正
♌ 月獅子座の人	横のつながりと未来投資
♍ 月乙女座の人	達成と評価
♎ 月天秤座の人	チャンスとグレードアップ
♏ 月蠍座の人	何事も濃く深く
♐ 月射手座の人	出会い・縁・パートナーシップ
♑ 月山羊座の人	健康と準備
♒ 月水瓶座の人	遊びと創造
♓ 月魚座の人	家族と居場所

月が ♋ 蟹座にいるとき

感情が高まるとき。自分の中だけにおさめておかずに、人に気持ちをシェアしていくと、心も体も開放され、思わぬ幸運の道が開きます。溢れる思いは、どんどん外に流していきましょう。

月星座	月のサイン
♈ 月牡羊座の人	家族と居場所
♉ 月牡牛座の人	伝達と好奇心
♊ 月双子座の人	お金と才能
♋ 月蟹座の人	種植えと素早さ
♌ 月獅子座の人	わたしの時間と軌道修正
♍ 月乙女座の人	横のつながりと未来投資
♎ 月天秤座の人	達成と評価
♏ 月蠍座の人	チャンスとグレードアップ
♐ 月射手座の人	何事も濃く深く
♑ 月山羊座の人	出会い・縁・パートナーシップ
♒ 月水瓶座の人	健康と準備
♓ 月魚座の人	遊びと創造

月が  獅子座にいるとき

童心にかえりたくなるとき。幼いころのように、自分の心に嘘をつかず、素直に楽しいことをしていくと幸運を掴みます。この期間は、自分にスポットライトが当たっていると思ってください。遠慮はいりません。

月星座	月のサイン
♈ 月牡羊座の人	遊びと創造
♉ 月牡牛座の人	家族と居場所
♊ 月双子座の人	伝達と好奇心
♋ 月蟹座の人	お金と才能
♌ 月獅子座の人	種植えと素早さ
♍ 月乙女座の人	わたしの時間と軌道修正
♎ 月天秤座の人	横のつながりと未来投資
♏ 月蠍座の人	達成と評価
♐ 月射手座の人	チャンスとグレードアップ
♑ 月山羊座の人	何事も濃く深く
♒ 月水瓶座の人	出会い・縁・パートナーシップ
♓ 月魚座の人	健康と準備

月が ♍ 乙女座にいるとき

人に役立つことや作業をしたくなるとき。日ごろ面倒くさいと思っていることは、ぜひこの時期にしましょう。あとからスムーズな流れになって幸運の波を作り出せます。また体のメンテナンスにもよい時期です。

月星座	月のサイン
♈ 月牡羊座の人	健康と準備
♉ 月牡牛座の人	遊びと創造
♊ 月双子座の人	家族と居場所
♋ 月蟹座の人	伝達と好奇心
♌ 月獅子座の人	お金と才能
♍ 月乙女座の人	種植えと素早さ
♎ 月天秤座の人	わたしの時間と軌道修正
♏ 月蠍座の人	横のつながりと未来投資
♐ 月射手座の人	達成と評価
♑ 月山羊座の人	チャンスとグレードアップ
♒ 月水瓶座の人	何事も濃く深く
♓ 月魚座の人	出会い・縁・パートナーシップ

月が ♎ 天秤座にいるとき

人に会ったり、情報にふれたりしたくなるとき。またオシャレをするとテンションが上がって、楽しい時間を過ごせます。この時期のオシャレは、とくに幸運を掴みます。カラーも楽しく取り入れてください。

月星座	月のサイン
♈ 月牡羊座の人	出会い・縁・パートナーシップ
♉ 月牡牛座の人	健康と準備
♊ 月双子座の人	遊びと創造
♋ 月蟹座の人	家族と居場所
♌ 月獅子座の人	伝達と好奇心
♍ 月乙女座の人	お金と才能
♎ 月天秤座の人	種植えと素早さ
♏ 月蠍座の人	わたしの時間と軌道修正
♐ 月射手座の人	横のつながりと未来投資
♑ 月山羊座の人	達成と評価
♒ 月水瓶座の人	チャンスとグレードアップ
♓ 月魚座の人	何事も濃く深く

月が ♏ 蠍座にいるとき

集中力が増すとき。なにかにハマると、とことん極めたくなるので、この時期にやりたいことを決めて、それに打ち込むといいでしょう。かなり深いところまで掘れますし、そこから宝の山が出てきます！

月星座	月のサイン
♈ 月牡羊座の人	何事も濃く深く
♉ 月牡牛座の人	出会い・縁・パートナーシップ
♊ 月双子座の人	健康と準備
♋ 月蟹座の人	遊びと創造
♌ 月獅子座の人	家族と居場所
♍ 月乙女座の人	伝達と好奇心
♎ 月天秤座の人	お金と才能
♏ 月蠍座の人	種植えと素早さ
♐ 月射手座の人	わたしの時間と軌道修正
♑ 月山羊座の人	横のつながりと未来投資
♒ 月水瓶座の人	達成と評価
♓ 月魚座の人	チャンスとグレードアップ

月が ♐ 射手座にいるとき

視野が広がるとき。今、手にしていないものを手にしたくなったり、知りたいことを追い求めたりと、向上心が膨れ上がります。また、足を延ばして遠いところに行ってみると、幸運を掴みやすくなります。

月星座	月のサイン
♈ 月牡羊座の人	チャンスとグレードアップ
♉ 月牡牛座の人	何事も濃く深く
♊ 月双子座の人	出会い・縁・パートナーシップ
♋ 月蟹座の人	健康と準備
♌ 月獅子座の人	遊びと創造
♍ 月乙女座の人	家族と居場所
♎ 月天秤座の人	伝達と好奇心
♏ 月蠍座の人	お金と才能
♐ 月射手座の人	種植えと素早さ
♑ 月山羊座の人	わたしの時間と軌道修正
♒ 月水瓶座の人	横のつながりと未来投資
♓ 月魚座の人	達成と評価

月が ♑ 山羊座にいるとき

いろいろまとめて形にしてたくなるとき。やることリストなどを作って、終わった順から消していくと、しっかり任務をまっとうして充実できます。また、ムダを省くことで、あなたに必要なことが見つかります。

月星座	月のサイン
♈ 月牡羊座の人	達成と評価
♉ 月牡牛座の人	チャンスとグレードアップ
♊ 月双子座の人	何事も濃く深く
♋ 月蟹座の人	出会い・縁・パートナーシップ
♌ 月獅子座の人	健康と準備
♍ 月乙女座の人	遊びと創造
♎ 月天秤座の人	家族と居場所
♏ 月蠍座の人	伝達と好奇心
♐ 月射手座の人	お金と才能
♑ 月山羊座の人	種植えと素早さ
♒ 月水瓶座の人	わたしの時間と軌道修正
♓ 月魚座の人	横のつながりと未来投資

月が水瓶座にいるとき

オリジナルな魅力が注目されるとき。人との違いを楽しんで、個性として表現していくと幸運を掴みます。また、斬新なアイディアが降りてくることが多いときでもあります。

月星座	月のサイン
♈ 月牡羊座の人	横のつながりと未来投資
♉ 月牡牛座の人	達成と評価
♊ 月双子座の人	チャンスとグレードアップ
♋ 月蟹座の人	何事も濃く深く
♌ 月獅子座の人	出会い・縁・パートナーシップ
♍ 月乙女座の人	健康と準備
♎ 月天秤座の人	遊びと創造
♏ 月蠍座の人	家族と居場所
♐ 月射手座の人	伝達と好奇心
♑ 月山羊座の人	お金と才能
♒ 月水瓶座の人	種植えと素早さ
♓ 月魚座の人	わたしの時間と軌道修正

☾ 月が♓魚座にいるとき

自分に必要なスピリチュアルメッセージが降りてきやすいとき。ふとしたインスピレーションや、本を開いたときに目にとまった文字などを意識しておくと、開運につながります。また芸術に触れるにもよいとき。

月星座	月のサイン
♈ 月牡羊座の人	わたしの時間と軌道修正
♉ 月牡牛座の人	横のつながりと未来投資
♊ 月双子座の人	達成と評価
♋ 月蟹座の人	チャンスとグレードアップ
♌ 月獅子座の人	何事も濃く深く
♍ 月乙女座の人	出会い・縁・パートナーシップ
♎ 月天秤座の人	健康と準備
♏ 月蠍座の人	遊びと創造
♐ 月射手座の人	家族と居場所
♑ 月山羊座の人	伝達と好奇心
♒ 月水瓶座の人	お金と才能
♓ 月魚座の人	種植えと素早さ

第5章

月のサイクルを知ってツキを掴む！

☾ 月のサイクルを意識して暮らす

　現代人のわたしたちは、太陽暦で生活していますが、実は、本当に自分らしく自然体で生きられる暦は、月のサイクルである太陰暦なのです。

　月のサイクルは、潮の満ち引き、月経周期のみならず、わたしたちの心と体にしっかりとリンクしています。

　月のサイクルを意識して取り入れていくことで、本当の自分自身を取り戻しやすくなりますし、なにより健康にリンクしている月ですから、体調も整いやすくなるでしょう。

　もう一度、月について説明しますと、月は、心と体、潜在意識、そして、プライベート全般、過去の記憶などを司り、素の状態、リラックスして力を抜いているとき、ブルーなとき、何も考えていないときに自動的に顔を出す「本来のあなた」なのです。

　このような月の機能を、太陰暦を意識して暮らすことによって取り戻しやすくなります。

　月は、潜在意識でもあります。
　潜在意識に入った願いは、自動的に叶うことになってい

ます。

　新月のときは、月は、完全に吸収態勢になっているので、ここぞとばかりに、願いを完全にインストールさせることができるのです。

　新月は、目標設定や、願いを叶える日として、とっても大切な日なんです。

　心と体のリズムと、月のサイクルがうまくリンクできるようになって軌道に乗ってくると、あなたの中の月が鍛えられていきますので、今まで**なかなか叶わなかったことが、あるときすごい勢いで叶い始めたりします。**

　新月から満月までは約14日間しかないので、まずは、目先の目標や願いを、階段を上るようにひとつずつ叶えていくと、自分でもわかりやすいでしょう。

　また、一度願いが叶い始めると、月は記憶装置でもありますから、自動的にそのコツをつかんでくれるようになります。

　ですので、一度叶うと、いろいろ叶いやすくなるどころか、新月で目標設定して、満月で叶うというサイクルのは

ずが、満月まで待たなくても先に叶ってしまうという、月があちらから懐いてきたのでは!?という不思議な現象も、しばしば起こります。

　それでは、新月の願いの叶え方を説明しましょう。

　ポイントがいくつかあります

・ワクワクしながらやる（いちばん大事です!!）
・「できますように」とか「したい」という願望ではなく、叶うことになっています！！！
　～になる準備が整いました！
　などと、心から確信している文章で紙に書きます。
　最後に感謝の気持ちを「ありがとうございます！」と書くといいでしょう。
　さらに声にも出すとGOOD！

×イベントがうまくきますように
○わたしが主催するイベントは、うまくいくことになっています！　ありがとうございます！
×理想の相手に出会いたい
○わたしは、理想の相手に出会う準備が整いました！　ありがとうございます！

　と、こういった具合です。

そして、もうひとつのポイントは、新月のお願いは、新月から48時間以内に行う！ということです。

　月の吸収力がMAXである、新月から48時間以内が、一番願いをインストールしやすいのです。

☾ 新月から満月へ、それぞれの時期

◯ 新月
　なにかをスタートさせたり、目標設定をするのに適しているとき。
　叶えたいことがあれば、新月の時期に紙に書くなり、言葉にするなり、コミットしましょう。

◗ 上弦の月
　新月から7日目くらいで半月になります。新月から始めたことを、ここで一回軌道修正をしたり、改良したり、確認し直すといい日。

● 満月
　新月から約14日目で満月になります。新月から始めたことが、いったん、ここで完成します。いろいろ結果が見えてくるでしょう。それに伴い、これからの方向性も考慮しましょう。

● 下弦の月

　満月から約7日目に半月になります。下弦の月の時期はよぶんなものを手放して、次の新月にそなえていきましょう。ここでしっかり手放しをすることで、次の新月のサイクルをより充実させていくことができます。

　また、よぶんなこと、見直さなければならないことを見て見ぬふりをしていると、下弦の月のときにショッキングなできごととなって現れたりします。

　でも、ここで爆発しておくことで、新月に向かってよぶんなものを捨てつつ、見直して、リセットして、整えていくわけです。

　必要な爆発かもしれません。

　これ以上そのままにしておくよりも、刺激を起こして、整える！　それが下弦の月からのメッセージでもあります。

　思い切って、手放しましょう。

　また、株は、下弦の月が売りどきです。ここで思い切って売るといいでしょう。

　下弦の月から次の新月までは、増やすより減らすことを意識していきましょう。

おわりに

これからの時代は、自分の月を大事に生きる人が、運を掴んでいきます。

少し前の時代では、みんなと同じことをすることが大事で、自分らしさを抑えながら周りに合わせていくのが普通でした。

人間は、それぞれが皆違うことが素敵なはずなのに、それを揃えて、はみ出している人を矯正していくような時代。

でも、そんな時代は、もう終わりました。時代遅れです。

今の時代は、それぞれが自分らしく存在しつつ、得意なことも、苦手なことも、それはそれで個性としていかしていく時代です。

個性をいかせている人は、好きなことをして成功していくし、どんどん人生を楽しくしていくことができます。

どうしてそうなるかというと、時代に合った生き方だからです。

どの時代でも、時代にそった生き方ができる人が、その時代を水を得た魚のよう生きることができます。

逆に言うと、時代に合った生き方をしないと、頑張れば頑張るほど苦しくなってしまいます。

今は、<mark>自分のすべてを抱きしめて、自分らしさをいかす時代</mark>なのです。

月は吸収する天体です。物事をとても吸収しやすい子供時代に、大人達の古い価値観や固定概念を刷り込まれてしまっていると、それが月にインストールされているので、あなたの考え方や生きかたを支配します。支配からのがれたければ、自分の力で、アンインストールすることが大事になってきます。

ムダな概念や基準をアンインストールすると、<mark>本当の自分を取り戻しやすくなり</mark>、そうしたうえで<mark>新しい素敵なことを、今度は自ら選び取ってインストール</mark>することができるようになります。

すると、<mark>次々に願いが叶い始めます</mark>。

そんなあなたを、わたしは心から喜びます。

どうか、あなたは、あなたを大切に大切に、生きてください。

巻 末 付 録

生まれ年別・月の運行表で、月星座を調べよう！

1968年から1993年生まれの人は、183ページからの「誕生時の月星座を調べる」表で、誕生時の月の位置（月の入宮星座）を知ることができます。

自分の生年月日と出生時間があてはまる部分を、表から調べてください。

例えば、右ページの運行表の最初、1968年の最初を見てください。1行目に「1/02　00:23　水瓶」、2行目に「1/04　05:35　魚」とあります。これは、月は、1968年の1月2日0時23分に水瓶座に入って、1月4日5時35分には魚座に移動したという意味です。つまり、その間に生まれたあなたの月星座は水瓶座だということです。

月が星座を移動する日が誕生日で、生まれた時間がわからない人は、誤差の少ない12時（正午）で調べてください。ただし、移動前後ふたつの月星座の「基本的な性格」を読んで、より「自分はこっちだ！」と思うほうが合っているので、それも参考にしてください。

表にない年に生まれた人も、ウェブサイトで自分の月星座を調べることもできます。その場合も、生まれた時間が不明なら、12時（正午）を入力してください。

キャメレオン竹田のスター☆オラクル
http://www.moonwithyou.com/chame/

未来の月の動きを知って、行動のタイミングを掴もう！

189ページからの「現在・未来の月の位置を調べる」表では、これから先の月の動きをお知らせします。

第4章で、月の配置により分けられる12の時期運についてアドバイスしています。今現在の月の位置や今後の月の位置については、この表で知りたい日の月星座を調べてください。

表の見方は、月星座の調べ方と同じです。

誕生時の月星座を調べる

1968年

1/02	00:23	水瓶
1/04	05:35	魚
1/06	14:45	牡羊
1/09	03:02	牡牛
1/11	15:54	双子
1/14	02:54	蟹
1/16	11:09	獅子
1/18	17:11	乙女
1/20	21:47	天秤
1/23	01:28	蠍
1/25	04:23	射手
1/27	06:57	山羊
1/29	10:06	水瓶
1/31	15:16	魚
2/02	23:39	牡羊
2/05	11:15	牡牛
2/08	00:09	双子
2/10	11:34	蟹
2/12	19:50	獅子
2/15	01:02	乙女
2/17	04:21	天秤
2/19	07:00	蠍
2/21	09:48	射手
2/23	13:12	山羊
2/25	17:37	水瓶
2/27	23:42	魚
3/01	08:14	牡羊
3/03	19:27	牡牛
3/06	08:17	双子
3/08	20:21	蟹
3/11	05:27	獅子
3/13	10:51	乙女
3/15	13:23	天秤
3/17	14:33	蠍
3/19	15:53	射手
3/21	18:34	山羊
3/23	23:16	水瓶
3/26	06:15	魚
3/28	15:32	牡羊
3/31	02:55	牡牛
4/02	15:40	双子
4/05	04:13	蟹
4/07	14:28	獅子
4/09	21:04	乙女
4/12	00:01	天秤
4/14	00:32	蠍
4/16	00:23	射手
4/18	01:23	山羊
4/20	04:57	水瓶
4/22	11:46	魚
4/24	21:32	牡羊
4/27	09:22	牡牛
4/29	22:11	双子
5/02	10:50	蟹
5/04	21:54	獅子
5/07	05:58	乙女
5/09	10:21	天秤
5/11	11:30	蠍
5/13	10:53	射手
5/15	10:31	山羊
5/17	12:22	水瓶
5/19	17:53	魚
5/22	03:14	牡羊
5/24	15:15	牡牛
5/27	04:12	双子
5/29	16:43	蟹
6/01	03:53	獅子
6/03	12:52	乙女
6/05	18:49	天秤
6/07	21:30	蠍
6/09	21:42	射手
6/11	21:05	山羊
6/13	21:46	水瓶
6/16	01:42	魚
6/18	09:50	牡羊
6/20	21:25	牡牛
6/23	10:22	双子
6/25	22:43	蟹
6/28	09:30	獅子
6/30	18:26	乙女
7/03	01:10	天秤
7/05	05:20	蠍
7/07	07:05	射手
7/09	07:24	山羊
7/11	08:03	水瓶
7/13	11:03	魚
7/15	17:51	牡羊
7/18	04:30	牡牛
7/20	17:13	双子
7/23	05:31	蟹
7/25	15:55	獅子
7/28	00:10	乙女
7/30	06:32	天秤
8/01	11:11	蠍
8/03	14:11	射手
8/05	15:57	山羊
8/07	17:37	水瓶
8/09	20:45	魚
8/12	02:53	牡羊
8/14	12:36	牡牛
8/17	00:51	双子
8/19	13:15	蟹
8/21	23:40	獅子
8/24	07:21	乙女
8/26	12:45	天秤
8/28	16:38	蠍
8/30	19:40	射手
9/01	22:22	山羊
9/04	01:19	水瓶
9/06	05:27	魚
9/08	11:49	牡羊
9/10	21:06	牡牛
9/13	08:54	双子
9/15	21:28	蟹
9/18	08:25	獅子
9/20	16:15	乙女
9/22	21:00	天秤
9/24	23:39	蠍
9/27	01:30	射手
9/29	03:44	山羊
10/01	07:11	水瓶
10/03	12:21	魚
10/05	19:35	牡羊
10/08	05:07	牡牛
10/10	16:43	双子
10/13	05:23	蟹
10/15	17:08	獅子
10/18	01:59	乙女
10/20	07:05	天秤
10/22	09:05	蠍
10/24	09:32	射手
10/26	10:13	山羊
10/28	12:43	水瓶
10/30	17:54	魚
11/02	01:51	牡羊
11/04	12:01	牡牛
11/06	23:48	双子
11/09	12:26	蟹
11/12	00:45	獅子
11/14	10:55	乙女
11/16	17:26	天秤
11/18	20:06	蠍
11/20	20:04	射手
11/22	19:19	山羊
11/24	20:02	水瓶
11/26	23:52	魚
11/29	07:26	牡羊
12/01	17:58	牡牛
12/04	06:06	双子
12/06	18:43	蟹
12/09	07:02	獅子
12/11	17:59	乙女
12/14	02:08	天秤
12/16	06:31	蠍
12/18	07:28	射手
12/20	06:32	山羊
12/22	05:59	水瓶
12/24	08:01	魚
12/26	14:02	牡羊
12/28	23:57	牡牛
12/31	12:11	双子

1969年

1/03	00:53	蟹
1/05	12:55	獅子
1/07	23:42	乙女
1/10	08:32	天秤
1/12	14:32	蠍
1/14	17:19	射手
1/16	17:39	山羊
1/18	17:17	水瓶
1/20	18:20	魚
1/22	22:43	牡羊
1/25	07:13	牡牛
1/27	18:53	双子
1/30	07:36	蟹
2/01	19:29	獅子
2/04	05:40	乙女
2/06	14:00	天秤
2/08	20:18	蠍
2/11	00:23	射手
2/13	02:28	山羊
2/15	03:30	水瓶
2/17	05:03	魚
2/19	08:48	牡羊
2/21	16:02	牡牛
2/24	02:41	双子
2/26	15:11	蟹
3/01	03:12	獅子
3/03	13:07	乙女
3/05	20:34	天秤
3/08	01:56	蠍
3/10	05:48	射手
3/12	08:40	山羊
3/14	11:09	水瓶
3/16	14:04	魚
3/18	18:27	牡羊
3/21	01:20	牡牛
3/23	11:12	双子
3/25	23:18	蟹
3/28	11:37	獅子
3/30	21:54	乙女
4/02	05:03	天秤
4/04	09:22	蠍
4/06	11:57	射手
4/08	14:04	山羊
4/10	16:46	水瓶
4/12	20:41	魚
4/15	02:13	牡羊
4/17	09:43	牡牛
4/19	19:28	双子
4/22	07:17	蟹
4/24	19:51	獅子
4/27	06:57	乙女
4/29	14:44	天秤
5/01	18:50	蠍
5/03	20:19	射手
5/05	20:57	山羊
5/07	22:28	水瓶
5/10	02:04	魚
5/12	08:09	牡羊
5/14	16:28	牡牛
5/17	02:41	双子
5/19	14:30	蟹
5/22	03:12	獅子
5/24	15:07	乙女
5/27	00:07	天秤
5/29	05:05	蠍
5/31	06:30	射手
6/02	06:07	山羊
6/04	06:03	水瓶
6/06	08:13	魚
6/08	13:36	牡羊
6/10	22:06	牡牛
6/13	08:48	双子
6/15	20:52	蟹
6/18	09:35	獅子
6/20	21:53	乙女
6/23	08:03	天秤
6/25	14:31	蠍
6/27	17:00	射手
6/29	16:44	山羊
7/01	15:49	水瓶
7/03	16:26	魚
7/05	20:16	牡羊
7/08	03:53	牡牛
7/10	14:31	双子
7/13	02:47	蟹
7/15	15:29	獅子
7/18	03:42	乙女
7/20	14:20	天秤
7/22	22:04	蠍
7/25	02:10	射手
7/27	03:09	山羊
7/29	02:34	水瓶
7/31	02:30	魚
8/02	04:54	牡羊
8/04	11:02	牡牛
8/06	20:49	双子
8/09	08:57	蟹
8/11	21:38	獅子
8/14	09:32	乙女
8/16	19:51	天秤
8/19	03:54	蠍
8/21	09:12	射手
8/23	11:49	山羊
8/25	12:36	水瓶
8/27	13:03	魚
8/29	14:57	牡羊
8/31	19:50	牡牛
9/03	04:23	双子
9/05	15:57	蟹
9/08	04:36	獅子
9/10	16:20	乙女
9/13	02:01	天秤
9/15	09:25	蠍
9/17	14:42	射手
9/19	18:14	山羊
9/21	20:31	水瓶
9/23	22:22	魚
9/26	00:55	牡羊
9/28	05:29	牡牛
9/30	13:05	双子
10/02	23:52	蟹
10/05	12:25	獅子
10/08	00:21	乙女
10/10	09:48	天秤
10/12	16:19	蠍
10/14	20:33	射手
10/16	23:35	山羊
10/19	02:21	水瓶
10/21	05:26	魚
10/23	09:17	牡羊
10/25	14:32	牡牛
10/27	22:00	双子
10/30	08:13	蟹
11/01	20:35	獅子
11/04	09:00	乙女
11/06	18:59	天秤
11/09	01:18	蠍
11/11	04:30	射手
11/13	06:08	山羊
11/15	07:53	水瓶
11/17	10:52	魚
11/19	15:32	牡羊
11/21	21:52	牡牛
11/24	05:59	双子
11/26	16:10	蟹
11/29	04:22	獅子
12/01	17:14	乙女
12/04	04:17	天秤
12/06	11:30	蠍
12/08	14:43	射手
12/10	15:20	山羊
12/12	15:27	水瓶
12/14	16:56	魚
12/16	20:56	牡羊
12/19	03:35	牡牛
12/21	12:28	双子
12/23	23:09	蟹
12/26	11:21	獅子
12/29	00:20	乙女
12/31	12:18	天秤

1970年

1/02	21:03	蠍
1/05	01:33	射手
1/07	02:30	山羊
1/09	01:47	水瓶
1/11	01:37	魚
1/13	03:48	牡羊
1/15	09:20	牡牛
1/17	18:07	双子
1/20	05:13	蟹
1/22	17:40	獅子
1/25	06:33	乙女
1/27	18:42	天秤
1/30	04:34	蠍
2/01	10:50	射手
2/03	13:22	山羊
2/05	13:19	水瓶
2/07	12:37	魚
2/09	13:17	牡羊
2/11	16:59	牡牛
2/14	00:29	双子
2/16	11:17	蟹
2/18	23:53	獅子
2/21	12:42	乙女
2/24	00:30	天秤
2/26	10:23	蠍
2/28	17:38	射手
3/02	21:54	山羊
3/04	23:34	水瓶
3/06	23:49	魚
3/09	00:16	牡羊
3/11	02:43	牡牛
3/13	08:37	双子
3/15	18:18	蟹
3/18	06:40	獅子
3/20	19:30	乙女
3/23	06:57	天秤
3/25	16:10	蠍
3/27	23:07	射手
3/30	04:00	山羊
4/01	07:08	水瓶
4/03	09:01	魚
4/05	10:32	牡羊
4/07	13:02	牡牛
4/09	18:02	双子
4/12	02:33	蟹
4/14	14:16	獅子
4/17	03:07	乙女
4/19	14:35	天秤
4/21	23:15	蠍
4/24	05:15	射手
4/26	09:26	山羊
4/28	12:43	水瓶
4/30	15:37	魚
5/02	18:32	牡羊
5/04	22:05	牡牛
5/07	03:17	双子
5/09	11:17	蟹
5/11	22:22	獅子
5/14	11:10	乙女
5/16	23:03	天秤
5/19	07:49	蠍
5/21	13:11	射手
5/23	16:13	山羊
5/25	18:25	水瓶
5/27	20:59	魚
5/30	00:27	牡羊
6/01	05:03	牡牛
6/03	11:10	双子
6/05	19:25	蟹
6/08	06:17	獅子
6/10	19:02	乙女
6/13	07:28	天秤
6/15	17:02	蠍
6/17	22:39	射手
6/20	01:04	山羊
6/22	02:00	水瓶
6/24	03:11	魚
6/26	05:52	牡羊
6/28	10:35	牡牛
6/30	17:24	双子
7/03	02:21	蟹
7/05	13:26	獅子
7/08	02:11	乙女
7/10	15:02	天秤
7/13	01:41	蠍
7/15	08:26	射手
7/17	11:19	山羊
7/19	11:44	水瓶
7/21	11:36	魚
7/23	12:42	牡羊
7/25	16:18	牡牛
7/27	22:53	双子
7/30	08:14	蟹
8/01	19:44	獅子
8/04	08:34	乙女
8/06	21:32	天秤
8/09	08:57	蠍
8/11	17:07	射手
8/13	21:25	山羊
8/15	22:31	水瓶
8/17	22:01	魚
8/19	21:50	牡羊
8/21	23:46	牡牛
8/24	05:03	双子
8/26	13:58	蟹
8/29	01:38	獅子
8/31	14:36	乙女
9/03	03:25	天秤
9/05	14:54	蠍
9/07	23:58	射手
9/10	05:51	山羊
9/12	08:34	水瓶
9/14	08:57	魚
9/16	08:35	牡羊
9/18	09:21	牡牛
9/20	13:02	双子
9/22	20:41	蟹
9/25	07:54	獅子
9/27	20:53	乙女
9/30	09:33	天秤
10/02	20:35	蠍
10/05	05:31	射手
10/07	12:10	山羊
10/09	16:26	水瓶
10/11	18:30	魚
10/13	19:12	牡羊
10/15	20:00	牡牛
10/17	22:43	双子
10/20	04:59	蟹
10/22	15:12	獅子
10/25	03:57	乙女
10/27	16:37	天秤
10/30	03:15	蠍
11/01	11:24	射手
11/03	17:32	山羊
11/05	22:11	水瓶
11/08	01:33	魚
11/10	03:52	牡羊
11/12	05:50	牡牛
11/14	08:48	双子
11/16	14:23	蟹
11/18	23:36	獅子
11/21	11:50	乙女
11/24	00:39	天秤
11/26	11:25	蠍
11/28	19:02	射手
12/01	00:06	山羊
12/03	03:45	水瓶
12/05	06:55	魚
12/07	10:03	牡羊
12/09	13:24	牡牛
12/11	17:33	双子
12/13	23:32	蟹
12/16	08:21	獅子
12/18	20:04	乙女
12/21	09:01	天秤
12/23	20:27	蠍
12/26	04:28	射手
12/28	09:01	山羊
12/30	11:24	水瓶

1971年

1/01	13:08	魚
1/03	15:26	牡羊
1/05	19:00	牡牛
1/08	00:08	双子
1/10	07:09	蟹
1/12	16:24	獅子
1/15	03:57	乙女
1/17	16:53	天秤
1/20	05:04	蠍
1/22	14:16	射手
1/24	19:33	山羊
1/26	21:36	水瓶
1/28	22:01	魚
1/30	22:36	牡羊
2/02	00:49	牡牛
2/04	05:34	双子
2/06	13:07	蟹
2/08	23:06	獅子
2/11	10:58	乙女
2/13	23:50	天秤
2/16	12:22	蠍
2/18	22:45	射手
2/21	05:37	山羊
2/23	08:43	水瓶
2/25	09:05	魚
2/27	08:30	牡羊
3/01	08:54	牡牛
3/03	12:01	双子
3/05	18:47	蟹
3/08	04:55	獅子
3/10	17:10	乙女
3/13	06:06	天秤
3/15	18:31	蠍
3/18	05:23	射手
3/20	13:37	山羊
3/22	18:29	水瓶
3/24	20:07	魚
3/26	19:45	牡羊
3/28	19:15	牡牛
3/30	20:43	双子
4/02	01:51	蟹
4/04	11:05	獅子
4/06	23:16	乙女
4/09	12:17	天秤
4/12	00:28	蠍
4/14	11:03	射手
4/16	19:38	山羊
4/19	01:46	水瓶
4/21	05:08	魚
4/23	06:08	牡羊
4/25	06:06	牡牛
4/27	06:58	双子
4/29	10:43	蟹
5/01	18:34	獅子
5/04	06:03	乙女
5/06	18:59	天秤
5/09	07:03	蠍
5/11	17:08	射手
5/14	01:09	山羊
5/16	07:19	水瓶
5/18	11:39	魚
5/20	14:11	牡羊
5/22	15:31	牡牛
5/24	17:01	双子
5/26	20:26	蟹
5/29	03:16	獅子
5/31	13:48	乙女
6/03	02:26	天秤
6/05	14:36	蠍
6/08	00:28	射手
6/10	07:45	山羊
6/12	13:03	水瓶
6/14	17:01	魚
6/16	20:06	牡羊
6/18	22:39	牡牛
6/21	01:24	双子
6/23	05:30	蟹
6/25	12:12	獅子
6/27	22:06	乙女
6/30	10:22	天秤
7/02	22:46	蠍
7/05	08:59	射手
7/07	16:03	山羊
7/09	20:26	水瓶
7/11	23:14	魚
7/14	01:32	牡羊
7/16	04:10	牡牛
7/18	07:47	双子
7/20	12:56	蟹
7/22	20:16	獅子
7/25	06:09	乙女
7/27	18:12	天秤
7/30	06:50	蠍
8/01	17:49	射手
8/04	01:32	山羊
8/06	05:47	水瓶
8/08	07:34	魚
8/10	08:27	牡羊
8/12	09:55	牡牛
8/14	13:10	双子
8/16	18:50	蟹
8/19	02:57	獅子
8/21	13:19	乙女
8/24	01:22	天秤
8/26	14:09	蠍
8/29	01:56	射手
8/31	10:54	山羊
9/02	16:04	水瓶
9/04	17:51	魚
9/06	17:43	牡羊
9/08	17:37	牡牛
9/10	19:25	双子
9/13	00:21	蟹
9/15	08:38	獅子
9/17	19:29	乙女
9/20	07:47	天秤
9/22	20:33	蠍
9/25	08:43	射手
9/27	18:53	山羊
9/30	01:39	水瓶
10/02	04:37	魚
10/04	04:40	牡羊
10/06	03:42	牡牛
10/08	03:53	双子
10/10	07:10	蟹
10/12	14:30	獅子
10/15	01:16	乙女
10/17	13:47	天秤
10/20	02:31	蠍
10/22	14:31	射手
10/25	01:05	山羊
10/27	09:11	水瓶
10/29	13:57	魚
10/31	15:26	牡羊
11/02	14:55	牡牛
11/04	14:27	双子
11/06	16:15	蟹
11/08	21:56	獅子
11/11	07:44	乙女
11/13	20:05	天秤
11/16	08:49	蠍
11/18	20:30	射手
11/21	06:36	山羊
11/23	14:52	水瓶
11/25	20:48	魚

11/28 00:04 牡羊
11/30 01:08 牡牛
12/02 01:25 双子
12/04 02:51 蟹
12/06 07:17 獅子
12/08 15:40 乙女
12/11 03:19 天秤
12/13 16:01 蠍
12/16 03:37 射手
12/18 13:07 山羊
12/20 20:32 水瓶
12/23 02:10 魚
12/25 06:09 牡羊
12/27 08:45 牡牛
12/29 10:38 双子
12/31 13:01 蟹

1972年

1/02 17:22 獅子
1/05 00:50 乙女
1/07 11:33 天秤
1/10 00:03 蠍
1/12 11:57 射手
1/14 21:26 山羊
1/17 04:04 水瓶
1/19 08:28 魚
1/21 11:35 牡羊
1/23 14:17 牡牛
1/25 17:14 双子
1/27 21:01 蟹
1/30 02:21 獅子
2/01 09:56 乙女
2/03 20:06 天秤
2/06 08:18 蠍
2/08 20:38 射手
2/11 06:50 山羊
2/13 13:36 水瓶
2/15 17:11 魚
2/17 18:51 牡羊
2/19 20:11 牡牛
2/21 22:35 双子
2/24 02:52 蟹
2/26 09:15 獅子
2/28 17:39 乙女
3/02 04:00 天秤
3/04 16:00 蠍
3/07 04:36 射手
3/09 15:49 山羊
3/11 23:43 水瓶
3/14 03:39 魚
3/16 04:37 牡羊
3/18 04:27 牡牛
3/20 05:12 双子
3/22 08:26 蟹
3/24 14:46 獅子
3/26 23:48 乙女
3/29 10:42 天秤
3/31 22:48 蠍
4/03 11:27 射手
4/05 23:20 山羊
4/08 08:37 水瓶
4/10 13:58 魚
4/12 15:32 牡羊
4/14 14:54 牡牛
4/16 14:16 双子
4/18 15:46 蟹
4/20 20:46 獅子
4/23 05:24 乙女
4/25 16:34 天秤
4/28 04:56 蠍
4/30 17:31 射手
5/03 05:29 山羊
5/05 15:35 水瓶
5/07 22:28 魚
5/10 01:35 牡羊
5/12 01:47 牡牛
5/14 00:57 双子
5/16 01:16 蟹
5/18 04:38 獅子
5/20 11:56 乙女
5/22 22:36 天秤
5/25 11:01 蠍
5/27 23:33 射手
5/30 11:13 山羊
6/01 21:15 水瓶
6/04 04:52 魚
6/06 09:27 牡羊
6/08 11:15 牡牛
6/10 11:24 双子
6/12 11:45 蟹
6/14 14:10 獅子
6/16 20:03 乙女
6/19 05:39 天秤
6/21 17:43 蠍
6/24 06:14 射手
6/26 17:36 山羊
6/29 03:02 水瓶
7/01 10:18 魚
7/03 15:22 牡羊
7/05 18:25 牡牛
7/07 20:05 双子
7/09 21:29 蟹
7/12 00:05 獅子
7/14 05:16 乙女
7/16 13:49 天秤
7/19 01:15 蠍
7/21 13:46 射手
7/24 01:10 山羊
7/26 10:07 水瓶
7/28 16:29 魚
7/30 20:50 牡羊
8/01 23:57 牡牛
8/04 02:33 双子
8/06 05:18 蟹
8/08 08:56 獅子
8/10 14:23 乙女
8/12 22:27 天秤
8/15 09:19 蠍
8/17 21:49 射手
8/20 09:38 山羊
8/22 18:43 水瓶
8/25 00:28 魚
8/27 03:40 牡羊
8/29 05:43 牡牛
8/31 07:56 双子
9/02 11:11 蟹
9/04 15:54 獅子
9/06 22:15 乙女
9/09 06:36 天秤
9/11 17:15 蠍
9/14 05:42 射手
9/16 18:07 山羊
9/19 04:05 水瓶
9/21 10:09 魚
9/23 12:44 牡羊
9/25 13:27 牡牛
9/27 14:14 双子
9/29 16:39 蟹
10/01 21:25 獅子
10/04 04:31 乙女
10/06 13:35 天秤
10/09 00:27 蠍
10/11 12:52 射手
10/14 01:44 山羊
10/16 12:51 水瓶
10/18 20:12 魚
10/20 23:22 牡羊
10/22 23:37 牡牛
10/24 23:02 双子
10/26 23:44 蟹
10/29 03:14 獅子
10/31 09:59 乙女
11/02 19:27 天秤
11/05 06:46 蠍
11/07 19:16 射手
11/10 08:11 山羊
11/12 20:02 水瓶
11/15 04:56 魚
11/17 09:44 牡羊
11/19 10:53 牡牛
11/21 10:05 双子
11/23 09:31 蟹
11/25 11:12 獅子
11/27 16:24 乙女
11/30 01:15 天秤
12/02 12:42 蠍
12/05 01:22 射手
12/07 14:06 山羊
12/10 01:53 水瓶
12/12 11:33 魚
12/14 17:59 牡羊
12/16 20:59 牡牛
12/18 21:24 双子
12/20 20:57 蟹
12/22 21:34 獅子
12/25 01:03 乙女
12/27 08:21 天秤
12/29 19:10 蠍

1973年

1/01 07:51 射手
1/03 20:30 山羊
1/06 07:47 水瓶
1/08 17:03 魚
1/10 23:57 牡羊
1/13 04:24 牡牛
1/15 06:41 双子
1/17 07:39 蟹
1/19 08:40 獅子
1/21 11:23 乙女
1/23 17:16 天秤
1/26 02:52 蠍
1/28 15:10 射手
1/31 03:54 山羊
2/02 14:55 水瓶
2/04 23:22 魚
2/07 05:29 牡羊
2/09 09:53 牡牛
2/11 13:10 双子
2/13 15:44 蟹
2/15 18:12 獅子
2/17 21:31 乙女
2/20 02:58 天秤
2/22 11:35 蠍
2/24 23:14 射手
2/27 12:04 山羊
3/01 23:22 水瓶
3/04 07:31 魚
3/06 12:37 牡羊
3/08 15:51 牡牛
3/10 18:31 双子
3/12 21:29 蟹
3/15 01:07 獅子
3/17 05:42 乙女
3/19 11:48 天秤
3/21 20:15 蠍
3/24 07:26 射手
3/26 20:16 山羊
3/29 08:12 水瓶
3/31 16:55 魚
4/02 21:48 牡羊
4/04 23:58 牡牛
4/07 01:12 双子
4/09 03:04 蟹
4/11 06:31 獅子
4/13 11:47 乙女
4/15 18:50 天秤
4/18 03:51 蠍
4/20 15:02 射手
4/23 03:49 山羊
4/25 16:21 水瓶
4/28 02:10 魚
4/30 07:53 牡羊
5/02 10:01 牡牛
5/04 10:16 双子
5/06 10:35 蟹
5/08 12:36 獅子
5/10 17:13 乙女
5/13 00:31 天秤
5/15 10:09 蠍
5/17 21:41 射手
5/20 10:30 山羊
5/22 23:17 水瓶
5/25 10:05 魚
5/27 17:14 牡羊
5/29 20:28 牡牛
5/31 20:53 双子
6/02 20:21 蟹
6/04 20:49 獅子
6/06 23:51 乙女
6/09 06:16 天秤
6/11 15:52 蠍
6/14 03:43 射手
6/16 16:37 山羊
6/19 05:19 水瓶
6/21 16:29 魚
6/24 00:48 牡羊
6/26 05:37 牡牛
6/28 07:18 双子
6/30 07:08 蟹
7/02 06:55 獅子
7/04 08:31 乙女
7/06 13:23 天秤
7/08 22:05 蠍
7/11 09:48 射手
7/13 22:45 山羊
7/16 11:15 水瓶
7/18 22:07 魚
7/21 06:43 牡羊
7/23 12:41 牡牛
7/25 15:58 双子
7/27 17:10 蟹
7/29 17:39 獅子
7/31 18:34 乙女
8/02 22:12 天秤
8/05 05:35 蠍
8/07 16:37 射手
8/10 05:30 山羊
8/12 17:52 水瓶
8/15 04:14 魚
8/17 12:16 牡羊
8/19 18:14 牡牛
8/21 22:26 双子
8/24 01:08 蟹
8/26 02:49 獅子
8/28 04:33 乙女
8/30 07:52 天秤
9/01 14:17 蠍
9/04 00:24 射手
9/06 13:01 山羊
9/09 01:30 水瓶
9/11 11:40 魚
9/13 18:56 牡羊
9/15 23:59 牡牛
9/18 03:48 双子
9/20 07:01 蟹
9/22 09:56 獅子
9/24 12:58 乙女
9/26 17:00 天秤
9/28 23:18 蠍
10/01 08:47 射手
10/03 21:02 山羊
10/06 09:49 水瓶
10/08 20:23 魚
10/11 03:29 牡羊
10/13 07:36 牡牛
10/15 10:09 双子
10/17 12:28 蟹
10/19 15:25 獅子
10/21 19:19 乙女
10/24 00:28 天秤
10/26 07:28 蠍
10/28 16:57 射手
10/31 04:57 山羊
11/02 17:58 水瓶
11/05 05:26 魚
11/07 13:19 牡羊
11/09 17:25 牡牛
11/11 18:59 双子
11/13 19:46 蟹
11/15 21:20 獅子
11/18 00:41 乙女
11/20 06:15 天秤
11/22 14:06 蠍
11/25 00:11 射手
11/27 12:13 山羊
11/30 01:17 水瓶
12/02 13:32 魚
12/04 22:50 牡羊
12/07 04:08 牡牛
12/09 05:58 双子
12/11 05:52 蟹
12/13 05:44 獅子
12/15 07:20 乙女
12/17 11:53 天秤
12/19 19:44 蠍
12/22 06:20 射手
12/24 18:41 山羊
12/27 07:43 水瓶
12/29 20:10 魚

1974年

1/01 06:34 牡羊
1/03 13:38 牡牛
1/05 17:00 双子
1/07 17:28 蟹
1/09 16:42 獅子
1/11 16:41 乙女
1/13 19:21 天秤
1/16 01:54 蠍
1/18 12:12 射手
1/21 00:47 山羊
1/23 13:50 水瓶
1/26 02:00 魚
1/28 12:32 牡羊
1/30 20:41 牡牛
2/02 01:53 双子
2/04 04:06 蟹
2/06 04:12 獅子
2/08 03:52 乙女
2/10 05:10 天秤
2/12 09:58 蠍
2/14 19:01 射手
2/17 07:16 山羊
2/19 20:21 水瓶
2/22 08:15 魚
2/24 18:12 牡羊
2/27 02:11 牡牛
3/01 08:10 双子
3/03 12:00 蟹
3/05 13:49 獅子
3/07 14:33 乙女
3/09 15:52 天秤
3/11 19:40 蠍
3/14 03:20 射手
3/16 14:41 山羊
3/19 03:38 水瓶
3/21 15:33 魚
3/24 01:02 牡羊
3/26 08:09 牡牛
3/28 13:33 双子
3/30 17:40 蟹
4/01 20:41 獅子
4/03 22:56 乙女
4/06 01:22 天秤
4/08 05:25 蠍
4/10 12:27 射手
4/12 22:56 山羊
4/15 11:34 水瓶
4/17 23:44 魚
4/20 09:20 牡羊
4/22 15:53 牡牛
4/24 20:11 双子
4/26 23:17 蟹
4/29 02:03 獅子
5/01 05:00 乙女
5/03 08:39 天秤
5/05 13:43 蠍
5/07 21:05 射手
5/10 07:15 山羊
5/12 19:34 水瓶
5/15 08:03 魚
5/17 18:20 牡羊
5/20 01:10 牡牛
5/22 04:54 双子
5/24 06:46 蟹
5/26 08:12 獅子
5/28 10:25 乙女
5/30 14:16 天秤
6/01 20:10 蠍
6/04 04:21 射手
6/06 14:48 山羊
6/09 03:02 水瓶
6/11 15:43 魚
6/14 02:52 牡羊
6/16 10:46 牡牛
6/18 14:59 双子
6/20 16:21 蟹
6/22 16:30 獅子
6/24 17:11 乙女
6/26 19:57 天秤
6/29 01:40 蠍
7/01 10:20 射手
7/03 21:19 山羊
7/06 09:41 水瓶
7/08 22:25 魚
7/11 10:10 牡羊
7/13 19:21 牡牛
7/16 00:54 双子
7/18 02:56 蟹
7/20 02:43 獅子
7/22 02:10 乙女
7/24 03:19 天秤
7/26 07:45 蠍
7/28 16:00 射手
7/31 03:11 山羊
8/02 15:46 水瓶
8/05 04:26 魚
8/07 16:15 牡羊
8/10 02:13 牡牛
8/12 09:15 双子
8/14 12:49 蟹
8/16 13:26 獅子
8/18 12:42 乙女
8/20 12:45 天秤
8/22 15:37 蠍
8/24 22:34 射手
8/27 09:15 山羊
8/29 21:53 水瓶
9/01 10:29 魚
9/03 21:58 牡羊
9/06 07:50 牡牛
9/08 15:36 双子
9/10 20:40 蟹
9/12 22:54 獅子
9/14 23:12 乙女
9/16 23:17 天秤
9/19 01:14 蠍
9/21 06:46 射手
9/23 16:22 山羊
9/26 04:38 水瓶
9/28 17:14 魚
10/01 04:25 牡羊
10/03 13:39 牡牛
10/05 21:00 双子
10/08 02:30 蟹
10/10 06:03 獅子
10/12 07:56 乙女
10/14 09:11 天秤
10/16 11:23 蠍
10/18 16:14 射手
10/21 00:44 山羊
10/23 12:20 水瓶
10/26 00:57 魚
10/28 12:13 牡羊
10/30 21:00 牡牛
11/02 03:23 双子
11/04 08:01 蟹
11/06 11:30 獅子
11/08 14:18 乙女
11/10 16:58 天秤
11/12 20:23 蠍
11/15 01:39 射手
11/17 09:42 山羊
11/19 20:39 水瓶
11/22 09:11 魚
11/24 20:59 牡羊
11/27 06:05 牡牛
11/29 11:58 双子
12/01 15:22 蟹
12/03 17:31 獅子
12/05 19:40 乙女
12/07 22:42 天秤
12/10 03:13 蠍
12/12 09:34 射手
12/14 18:04 山羊
12/17 04:48 水瓶
12/19 17:12 魚
12/22 05:35 牡羊
12/24 15:45 牡牛
12/26 22:15 双子
12/29 01:15 蟹
12/31 02:05 獅子

1975年

1/02 02:32 乙女
1/04 04:21 天秤
1/06 08:39 蠍
1/08 15:39 射手
1/11 00:58 山羊
1/13 12:03 水瓶
1/16 00:23 魚
1/18 13:03 牡羊
1/21 00:21 牡牛
1/23 08:23 双子
1/25 12:20 蟹
1/27 13:00 獅子
1/29 12:14 乙女
1/31 12:13 天秤
2/02 14:53 蠍
2/04 21:10 射手
2/07 06:42 山羊
2/09 18:16 水瓶
2/12 06:45 魚
2/14 19:22 牡羊
2/17 07:09 牡牛
2/19 16:35 双子
2/21 22:18 蟹
2/24 00:13 獅子
2/25 23:37 乙女
2/27 22:38 天秤
3/01 23:33 蠍
3/04 04:05 射手
3/06 12:39 山羊
3/09 00:09 水瓶
3/11 12:49 魚
3/14 01:18 牡羊
3/16 12:52 牡牛
3/18 22:43 双子
3/21 05:48 蟹
3/23 09:31 獅子
3/25 10:21 乙女
3/27 09:51 天秤
3/29 10:08 蠍
3/31 13:10 射手
4/02 20:08 山羊
4/05 06:45 水瓶
4/07 19:17 魚
4/10 07:44 牡羊
4/12 18:53 牡牛
4/15 04:14 双子
4/17 11:27 蟹
4/19 16:14 獅子
4/21 18:42 乙女
4/23 19:41 天秤
4/25 20:39 蠍
4/27 23:20 射手
4/30 05:08 山羊
5/02 14:34 水瓶
5/05 02:34 魚
5/07 15:03 牡羊
5/10 02:03 牡牛
5/12 10:44 双子
5/14 17:08 蟹
5/16 21:38 獅子
5/19 00:45 乙女
5/21 03:05 天秤
5/23 05:25 蠍
5/25 08:51 射手
5/27 14:31 山羊
5/29 23:09 水瓶
6/01 10:32 魚
6/03 23:01 牡羊
6/06 10:19 牡牛
6/08 18:49 双子
6/11 00:21 蟹
6/13 03:45 獅子
6/15 06:11 乙女
6/17 08:41 天秤
6/19 11:59 蠍
6/21 16:34 射手
6/23 22:56 山羊
6/26 07:33 水瓶
6/28 18:33 魚
7/01 07:02 牡羊
7/03 18:54 牡牛
7/06 03:58 双子
7/08 09:23 蟹
7/10 11:50 獅子
7/12 12:55 乙女
7/14 14:21 天秤
7/16 17:23 蠍
7/18 22:32 射手
7/21 05:46 山羊
7/23 14:56 水瓶
7/26 01:58 魚
7/28 14:27 牡羊
7/31 02:53 牡牛
8/02 13:02 双子
8/04 19:17 蟹
8/06 21:44 獅子
8/08 21:53 乙女
8/10 21:51 天秤
8/12 23:30 蠍
8/15 03:59 射手
8/17 11:25 山羊
8/19 21:09 水瓶
8/22 08:32 魚
8/24 21:02 牡羊
8/27 09:45 牡牛
8/29 20:53 双子
9/01 04:35 蟹
9/03 08:08 獅子
9/05 08:29 乙女
9/07 07:38 天秤
9/09 07:46 蠍
9/11 10:41 射手
9/13 17:11 山羊
9/16 02:51 水瓶
9/18 14:32 魚
9/21 03:07 牡羊
9/23 15:43 牡牛
9/26 03:13 双子
9/28 12:07 蟹
9/30 17:20 獅子
10/02 19:03 乙女
10/04 18:39 天秤
10/06 18:09 蠍
10/08 19:35 射手
10/11 00:29 山羊
10/13 09:10 水瓶
10/15 20:40 魚
10/18 09:20 牡羊
10/20 21:43 牡牛
10/23 08:51 双子
10/25 17:57 蟹
10/28 00:20 獅子
10/30 03:47 乙女
11/01 04:55 天秤
11/03 05:07 蠍
11/05 06:10 射手
11/07 09:45 山羊
11/09 16:59 水瓶
11/12 03:42 魚
11/14 16:17 牡羊
11/17 04:38 牡牛
11/19 15:14 双子
11/21 23:36 蟹
11/24 05:48 獅子
11/26 10:04 乙女
11/28 12:48 天秤
11/30 14:37 蠍
12/02 16:33 射手
12/04 19:58 山羊
12/07 02:12 水瓶
12/09 11:52 魚
12/12 00:06 牡羊
12/14 12:39 牡牛
12/16 23:12 双子
12/19 06:49 蟹
12/21 11:54 獅子
12/23 15:28 乙女

12/25 18:27 天秤	7/24 20:39 蟹	2/20 21:22 牡羊	9/22 23:12 水瓶	4/23 08:39 蠍	11/23 05:57 乙女	6/22 08:23 双子
12/27 21:28 蠍	7/27 03:19 獅子	2/23 08:06 牡牛	9/25 20:50 魚	4/25 11:00 射手	11/25 17:07 天秤	6/24 16:24 蟹
12/30 00:53 射手	7/29 07:23 乙女	2/25 20:50 双子	9/27 09:40 牡羊	4/27 12:27 山羊	11/28 00:39 蠍	6/27 02:47 獅子
1976年	7/31 10:13 天秤	2/28 09:02 蟹	9/29 18:21 牡牛	4/29 14:28 水瓶	11/30 04:23 射手	6/29 15:14 乙女
1/01 05:16 山羊	8/02 12:55 蠍	3/02 18:25 獅子	10/02 05:33 双子	5/01 18:00 魚	12/02 05:44 山羊	7/02 04:08 天秤
1/03 11:33 水瓶	8/04 16:03 射手	3/05 00:19 乙女	10/04 18:09 蟹	5/03 23:27 牡羊	12/04 06:35 水瓶	7/04 14:57 蠍
1/05 20:35 魚	8/06 19:54 山羊	3/07 03:34 天秤	10/07 05:58 獅子	5/06 06:52 牡牛	12/06 08:36 魚	7/06 21:56 射手
1/08 08:21 牡羊	8/09 00:57 水瓶	3/09 05:37 蠍	10/09 14:45 乙女	5/08 16:18 双子	12/08 12:40 牡羊	7/09 01:07 山羊
1/11 21:10 牡牛	8/11 08:00 魚	3/11 07:42 射手	10/11 20:10 天秤	5/11 04:32 蟹	12/10 18:50 牡牛	7/11 01:59 水瓶
1/13 08:19 双子	8/13 17:49 牡羊	3/13 10:40 山羊	10/13 23:11 蠍	5/13 16:17 獅子	12/13 02:54 双子	7/13 02:23 魚
1/15 16:00 蟹	8/16 06:05 牡牛	3/15 15:00 水瓶	10/16 00:27 射手	5/16 03:24 乙女	12/15 14:42 蟹	7/15 03:57 牡羊
1/17 20:15 獅子	8/18 18:54 双子	3/17 21:06 魚	10/18 01:51 山羊	5/18 13:24 天秤	12/18 00:37 獅子	7/17 07:43 牡牛
1/19 22:25 乙女	8/21 05:34 蟹	3/20 05:23 牡羊	10/20 05:34 水瓶	5/20 18:39 蠍	12/20 15:34 乙女	7/19 15:25 双子
1/22 00:10 天秤	8/23 12:31 獅子	3/22 16:05 牡牛	10/22 09:26 魚	5/22 20:31 射手	12/23 01:40 天秤	7/21 22:40 蟹
1/24 02:48 蠍	8/25 16:04 乙女	3/25 04:39 双子	10/24 16:34 牡羊	5/24 20:23 山羊	12/25 10:32 蠍	7/24 09:30 獅子
1/26 06:51 射手	8/27 17:42 天秤	3/27 17:16 蟹	10/27 01:53 牡牛	5/26 21:10 水瓶	12/27 15:07 射手	7/26 22:01 乙女
1/28 12:24 山羊	8/29 19:05 蠍	3/30 03:40 獅子	10/29 13:08 双子	5/28 23:36 魚	12/29 16:15 山羊	7/29 05:39 天秤
1/30 19:34 水瓶	8/31 21:28 射手	4/01 10:35 乙女	11/01 01:40 蟹	5/31 04:52 牡羊	12/31 15:53 水瓶	7/31 22:46 蠍
2/02 04:47 魚	9/03 01:29 山羊	4/03 13:39 天秤	11/03 14:03 獅子	6/02 12:50 牡牛	**1979年**	8/03 07:05 射手
2/04 16:17 牡羊	9/05 07:20 水瓶	4/05 14:40 蠍	11/06 00:23 乙女	6/04 22:53 双子	1/02 16:08 魚	8/05 11:23 山羊
2/07 05:13 牡牛	9/07 15:11 魚	4/07 15:08 射手	11/08 06:51 天秤	6/07 10:30 蟹	1/04 20:30 牡羊	8/07 12:28 水瓶
2/09 17:16 双子	9/10 01:18 牡羊	4/09 16:40 山羊	11/10 09:42 蠍	6/09 23:07 獅子	1/07 00:17 牡牛	8/09 12:05 魚
2/12 01:59 蟹	9/12 13:30 牡牛	4/11 20:24 水瓶	11/12 10:03 射手	6/12 11:35 乙女	1/09 08:42 双子	8/11 12:10 牡羊
2/14 06:32 獅子	9/15 02:32 双子	4/14 02:49 魚	11/14 09:50 山羊	6/14 21:55 天秤	1/11 19:14 蟹	8/13 14:21 牡牛
2/16 07:59 乙女	9/17 14:07 蟹	4/16 11:52 牡羊	11/16 11:00 水瓶	6/17 04:28 蠍	1/14 07:16 獅子	8/15 19:41 双子
2/18 08:14 天秤	9/19 22:11 獅子	4/18 23:02 牡牛	11/18 14:56 魚	6/19 07:01 射手	1/16 20:10 乙女	8/18 04:17 蟹
2/20 09:14 蠍	9/22 02:16 乙女	4/21 11:37 双子	11/20 22:13 牡羊	6/21 06:52 山羊	1/19 08:40 天秤	8/20 15:28 獅子
2/22 12:18 射手	9/24 03:28 天秤	4/24 00:25 蟹	11/23 08:09 牡牛	6/23 06:07 水瓶	1/21 18:51 蠍	8/23 04:11 乙女
2/24 17:54 山羊	9/26 03:34 蠍	4/26 11:43 獅子	11/25 19:48 双子	6/25 06:57 魚	1/24 01:08 射手	8/25 17:13 天秤
2/27 01:48 水瓶	9/28 04:21 射手	4/28 19:52 乙女	11/28 08:00 蟹	6/27 10:53 牡羊	1/26 03:27 山羊	8/28 04:06 蠍
2/29 11:42 魚	9/30 07:13 山羊	5/01 00:13 天秤	11/30 20:35 獅子	6/29 18:11 牡牛	1/28 03:27 水瓶	8/30 14:39 射手
3/02 23:22 牡羊	10/02 12:49 水瓶	5/03 01:24 蠍	12/03 08:05 乙女	7/02 04:37 双子	1/30 02:25 魚	9/01 20:34 山羊
3/05 12:18 牡牛	10/04 21:00 魚	5/05 00:59 射手	12/05 16:18 天秤	7/04 16:53 蟹	2/01 03:11 牡羊	9/05 23:03 魚
3/08 00:56 双子	10/07 07:50 牡羊	5/07 00:54 山羊	12/07 20:33 蠍	7/07 05:13 獅子	2/03 07:13 牡牛	9/07 21:11 牡羊
3/10 10:59 蟹	10/09 20:11 牡牛	5/09 03:00 水瓶	12/09 21:20 射手	7/09 17:07 乙女	2/05 14:33 双子	9/09 23:12 牡牛
3/12 16:55 獅子	10/12 09:14 双子	5/11 08:29 魚	12/11 20:26 山羊	7/12 04:48 天秤	2/08 01:06 蟹	9/12 02:10 双子
3/14 18:44 乙女	10/14 21:24 蟹	5/13 17:29 牡羊	12/13 19:59 水瓶	7/14 12:47 蠍	2/10 13:25 獅子	9/14 10:27 蟹
3/16 18:17 天秤	10/17 06:49 獅子	5/16 05:04 牡牛	12/15 22:09 魚	7/16 16:50 射手	2/13 02:18 乙女	9/16 21:25 獅子
3/18 18:44 蠍	10/19 12:25 乙女	5/18 17:50 双子	12/18 04:11 牡羊	7/18 17:33 山羊	2/15 14:37 天秤	9/19 10:15 乙女
3/20 19:34 射手	10/21 14:26 天秤	5/21 06:35 蟹	12/20 13:54 牡牛	7/20 16:45 水瓶	2/18 01:12 蠍	9/21 23:11 天秤
3/22 23:48 山羊	10/23 14:17 蠍	5/23 18:13 獅子	12/23 01:51 双子	7/22 16:26 魚	2/20 08:55 射手	9/24 10:54 蠍
3/25 07:19 水瓶	10/25 13:49 射手	5/26 03:31 乙女	12/25 14:51 蟹	7/24 18:46 牡羊	2/22 13:00 山羊	9/26 20:36 射手
3/27 17:34 魚	10/27 14:55 山羊	5/28 09:28 天秤	12/28 02:52 獅子	7/27 00:50 牡牛	2/24 14:12 水瓶	9/29 03:40 山羊
3/30 05:37 牡羊	10/29 19:05 水瓶	5/30 11:57 蠍	12/30 13:00 乙女	7/29 10:52 双子	2/26 13:52 魚	10/01 07:49 水瓶
4/01 18:34 牡牛	11/01 02:53 魚	**1978年**	7/31 22:28 蟹	2/28 13:54 牡羊	10/03 09:23 魚
4/04 07:15 双子	11/03 13:46 牡羊	6/01 11:54 射手	1/01 23:31 獅子	8/03 11:10 獅子	3/02 16:59 牡牛	10/05 09:28 牡羊
4/06 18:00 蟹	11/06 02:23 牡牛	6/03 11:07 山羊	1/04 05:35 乙女	8/05 23:29 乙女	3/04 21:58 双子	10/07 09:45 牡牛
4/09 01:36 獅子	11/08 15:21 双子	6/05 11:44 水瓶	1/06 08:03 天秤	8/08 07:34 天秤	3/07 07:34 蟹	10/09 12:07 双子
4/11 05:16 乙女	11/11 03:28 蟹	6/07 15:35 魚	1/08 07:55 蠍	8/10 19:11 蠍	3/09 19:47 獅子	10/11 18:09 蟹
4/13 05:54 天秤	11/13 13:36 獅子	6/09 23:34 牡羊	1/10 07:00 射手	8/13 00:43 射手	3/12 08:42 乙女	10/14 04:12 獅子
4/15 05:14 蠍	11/15 20:23 乙女	6/12 10:56 牡牛	1/12 07:50 山羊	8/15 03:03 山羊	3/14 20:42 天秤	10/16 16:51 乙女
4/17 05:13 射手	11/18 00:34 天秤	6/14 23:50 双子	1/14 11:12 水瓶	8/17 03:15 水瓶	3/17 06:49 蠍	10/19 05:38 天秤
4/19 07:43 山羊	11/20 01:03 蠍	6/17 12:28 蟹	1/16 18:06 魚	8/21 04:29 牡羊	3/19 14:38 射手	10/21 17:02 蠍
4/21 13:47 水瓶	11/22 01:03 射手	6/19 23:53 獅子	1/19 08:06 双子	8/23 09:06 牡牛	3/21 19:56 山羊	10/24 01:29 射手
4/26 11:37 牡羊	11/26 03:30 水瓶	6/24 09:02 獅子	1/24 09:02 獅子	8/25 17:31 双子	3/23 22:52 水瓶	10/26 09:11 山羊
4/29 00:19 牡牛	11/28 09:41 魚	6/26 20:42 蠍	1/26 20:40 蟹	8/28 04:59 蟹	3/26 00:04 魚	10/28 14:16 水瓶
5/01 13:05 双子	11/30 20:01 牡羊	6/28 21:48 射手	1/29 05:08 天秤	8/30 17:40 獅子	3/30 02:35 牡羊	10/30 17:29 魚
5/03 23:53 蟹	12/03 08:41 牡牛	7/01 00:51 魚	2/02 16:13 魚	9/02 05:46 乙女	4/01 01:58 牡牛	11/01 19:09 牡羊
5/06 08:09 獅子	12/05 21:38 双子	7/05 00:31 魚	2/04 16:15 天秤	9/04 16:15 天秤	4/03 15:24 双子	11/03 20:16 牡牛
5/08 13:21 乙女	12/08 09:21 蟹	7/07 07:03 牡羊	2/06 18:00 蠍	9/07 00:58 蠍	4/05 02:58 蟹	11/05 22:18 双子
5/10 15:35 天秤	12/10 19:12 獅子	7/09 17:33 牡牛	2/08 18:47 射手	9/09 06:39 射手	4/08 15:52 獅子	11/08 03:24 蟹
5/12 16:03 蠍	12/13 02:55 乙女	7/12 06:15 双子	2/10 18:52 山羊	9/11 09:12 山羊	4/11 03:16 乙女	11/10 12:14 獅子
5/14 16:04 射手	12/15 08:13 天秤	7/14 18:50 蟹	2/12 19:39 水瓶	9/13 09:48 水瓶	4/13 13:16 天秤	11/13 00:10 乙女
5/16 17:31 山羊	12/17 11:01 蠍	7/17 05:51 獅子	2/13 04:50 魚	9/15 13:09 魚	4/15 21:28 蠍	11/15 13:16 天秤
5/18 22:02 水瓶	12/19 11:54 射手	7/19 14:58 乙女	2/15 15:24 双子	9/19 18:43 牡羊	4/20 05:02 山羊	11/20 08:56 射手
5/21 06:27 魚	12/21 12:02 山羊	7/21 22:09 天秤	2/17 03:23 蟹	9/22 05:44 牡牛	4/22 07:41 水瓶	11/22 15:01 山羊
5/23 18:07 牡羊	12/23 13:48 水瓶	7/24 03:13 蠍	2/22 03:13 蠍	9/24 12:31 双子	4/24 09:51 魚	11/24 19:37 水瓶
5/26 07:07 牡牛	12/25 18:36 魚	7/26 06:04 射手	2/23 02:39 乙女	9/24 12:31 双子	4/26 12:27 牡羊	11/26 23:17 魚
5/28 19:22 双子	12/28 03:13 牡羊	7/28 07:15 山羊	2/27 17:28 蟹	9/29 13:11 乙女	4/28 16:49 牡牛	11/29 02:17 牡羊
5/31 05:39 蟹	12/30 15:43 牡牛	7/30 08:04 水瓶	2/27 17:28 蟹	9/29 13:11 乙女	4/30 21:58 双子	11/29 02:17 牡牛
6/02 13:33 獅子	**1977年**	8/01 10:23 魚	3/04 00:58 山羊	10/01 21:17 天秤	5/03 10:56 蟹	12/03 08:02 双子
6/04 19:21 乙女	8/01 10:23 魚	8/03 15:54 牡羊	3/06 02:51 水瓶	10/04 09:09 蠍	5/05 23:41 獅子	12/05 13:01 蟹
6/06 23:00 天秤	1/04 19:21 牡羊	8/06 01:18 牡牛	3/08 04:45 魚	10/06 19:07 射手	5/08 12:03 乙女	12/07 21:09 獅子
6/09 00:58 蠍	1/07 01:20 牡牛	8/08 13:22 双子	3/10 08:00 牡羊	10/10 18:42 水瓶	5/10 21:10 天秤	12/10 08:33 乙女
6/11 02:07 射手	1/09 08:23 乙女	8/11 02:04 蟹	3/12 13:57 牡牛	10/10 18:42 水瓶	5/13 04:04 蠍	12/12 21:38 天秤
6/13 03:47 山羊	1/11 13:48 蠍	8/13 15:21 獅子	3/14 23:48 双子	10/15 00:06 牡羊	5/15 07:25 射手	12/15 09:08 蠍
6/15 07:31 水瓶	1/13 17:44 蠍	8/15 21:26 乙女	3/17 12:12 蟹	10/17 02:26 牡牛	5/17 08:18 山羊	12/17 22:16 射手
6/17 14:43 魚	1/15 20:18 牡牛	8/20 08:35 蠍	3/20 00:12 獅子	10/19 11:05 双子	5/19 13:18 魚	12/19 22:55 山羊
6/20 01:32 牡羊	1/17 22:02 山羊	8/24 14:30 山羊	3/24 18:41 天秤	10/24 09:00 獅子	5/23 20:20 牡牛	12/24 04:50 魚
6/22 14:11 牡牛	1/20 04:03 魚	8/26 16:41 水瓶	3/27 00:02 蠍	10/26 22:41 乙女	5/25 12:37 双子	12/26 07:03 牡羊
6/25 02:32 双子	1/24 12:19 牡羊	8/28 20:01 魚	3/29 03:37 射手	10/29 11:22 天秤	5/28 01:03 蟹	12/28 10:07 牡牛
6/27 12:29 蟹	1/26 23:41 牡牛	8/31 01:11 牡羊	3/31 06:23 山羊	10/31 14:53 蠍	5/30 19:08 獅子	12/30 15:32 双子
6/29 19:39 獅子	1/29 12:37 双子	9/02 09:52 牡牛	11/02 19:03 射手	6/02 07:41 乙女	**1980年**
7/02 00:46 乙女	2/01 00:20 蟹	9/04 21:27 双子	4/04 12:20 魚	11/04 21:41 山羊	6/04 20:05 天秤	1/01 18:21 蟹
7/04 04:34 天秤	2/03 09:11 獅子	9/07 10:07 蟹	4/06 16:31 牡羊	11/06 23:29 水瓶	6/07 06:05 蠍	1/04 00:00 獅子
7/06 07:33 蠍	2/05 14:02 乙女	9/09 21:14 獅子	4/08 23:21 牡牛	11/09 03:06 魚	6/09 12:59 射手	1/06 16:48 乙女
7/08 10:05 射手	2/07 19:36 天秤	9/12 05:15 乙女	4/11 07:51 双子	11/11 07:11 牡羊	6/11 17:06 山羊	1/09 05:47 天秤
7/10 12:49 山羊	2/09 23:04 蠍	9/14 11:07 天秤	4/13 19:59 蟹	11/13 12:35 牡牛	6/13 18:56 魚	1/11 17:55 蠍
7/14 23:36 魚	2/12 02:11 射手	9/16 14:45 蠍	4/16 08:46 獅子	11/15 20:20 双子	6/17 21:52 牡牛	1/16 08:51 山羊
7/17 09:40 牡羊	2/16 08:45 水瓶	9/18 17:25 射手	4/18 19:44 乙女	11/18 05:06 蟹	6/17 21:52 牡牛	1/16 08:51 山羊
7/19 22:11 牡牛	2/16 08:45 水瓶	9/18 17:25 射手	4/18 19:44 乙女	11/18 05:06 蟹	6/20 02:18 双子	1/18 11:25 水瓶
7/22 10:40 双子	2/18 13:45 魚	9/20 20:04 山羊	4/21 03:53 天秤	11/20 17:09 獅子	6/20 02:18 双子	1/18 11:25 水瓶

1/20 12:33 魚
1/22 13:52 牡羊
1/24 16:31 牡牛
1/26 21:11 双子
1/29 04:02 蟹
1/31 13:08 獅子
2/03 00:21 乙女
2/05 13:04 天秤
2/08 01:46 蠍
2/10 12:19 射手
2/12 19:12 山羊
2/14 22:20 水瓶
2/16 22:54 魚
2/18 22:42 牡羊
2/20 23:35 牡牛
2/23 02:58 双子
2/25 09:34 蟹
2/27 19:10 獅子
3/01 06:53 乙女
3/03 19:40 天秤
3/06 08:22 蠍
3/08 19:38 射手
3/11 04:02 山羊
3/13 08:45 水瓶
3/15 10:10 魚
3/17 09:41 牡羊
3/19 09:13 牡牛
3/21 10:47 双子
3/23 15:55 蟹
3/26 00:58 獅子
3/28 12:52 乙女
3/31 01:49 天秤
4/02 14:21 蠍
4/05 01:35 射手
4/07 10:43 山羊
4/09 17:00 水瓶
4/11 20:07 魚
4/13 20:40 牡羊
4/15 20:11 牡牛
4/17 20:41 双子
4/20 00:11 蟹
4/22 07:52 獅子
4/24 19:12 乙女
4/27 08:09 天秤
4/29 20:35 蠍
5/02 07:22 射手
5/04 16:14 山羊
5/06 23:04 水瓶
5/09 03:33 魚
5/11 05:44 牡羊
5/13 06:24 牡牛
5/15 07:07 双子
5/17 09:52 蟹
5/19 16:14 獅子
5/22 02:32 乙女
5/24 15:11 天秤
5/27 03:37 蠍
5/29 14:05 射手
5/31 22:14 山羊
6/03 04:29 水瓶
6/05 09:10 魚
6/07 12:23 牡羊
6/09 14:30 牡牛
6/11 16:22 双子
6/13 19:29 蟹
6/16 01:22 獅子
6/18 10:47 乙女
6/20 22:55 天秤
6/23 11:26 蠍
6/25 22:02 射手
6/28 05:46 山羊
6/30 11:04 水瓶
7/02 14:48 魚
7/04 17:46 牡羊
7/06 20:30 牡牛
7/08 23:33 双子
7/11 03:44 蟹
7/13 10:03 獅子
7/15 19:11 乙女
7/18 06:55 天秤
7/20 19:33 蠍
7/23 06:42 射手
7/25 14:45 山羊
7/27 19:34 水瓶
7/29 22:11 魚
7/31 23:53 牡羊
8/03 01:55 牡牛
8/05 05:10 双子
8/07 10:12 蟹
8/09 17:23 獅子
8/12 02:54 乙女
8/14 14:32 天秤
8/17 03:15 蠍
8/19 15:08 射手

8/22 00:11 山羊
8/24 05:32 水瓶
8/26 07:43 魚
8/28 08:11 牡羊
8/30 08:41 牡牛
9/01 10:50 双子
9/03 15:39 蟹
9/05 23:22 獅子
9/08 09:31 乙女
9/10 21:22 天秤
9/13 10:06 蠍
9/15 22:28 射手
9/18 08:45 山羊
9/20 15:31 水瓶
9/22 18:27 魚
9/24 18:37 牡羊
9/26 17:53 牡牛
9/28 18:21 双子
9/30 21:46 蟹
10/03 04:57 獅子
10/05 15:19 乙女
10/08 03:30 天秤
10/10 16:15 蠍
10/13 04:37 射手
10/15 15:37 山羊
10/17 23:54 水瓶
10/20 04:31 魚
10/22 05:43 牡羊
10/24 04:55 牡牛
10/26 04:17 双子
10/28 06:00 蟹
10/30 11:38 獅子
11/01 21:19 乙女
11/04 09:31 天秤
11/06 22:19 蠍
11/09 10:25 射手
11/11 21:15 山羊
11/14 06:10 水瓶
11/16 12:21 魚
11/18 15:22 牡羊
11/20 15:51 牡牛
11/22 15:27 双子
11/24 16:18 蟹
11/26 20:23 獅子
11/29 04:37 乙女
12/01 16:13 天秤
12/04 05:00 蠍
12/06 16:57 射手
12/09 03:12 山羊
12/11 11:36 水瓶
12/13 18:03 魚
12/15 22:21 牡羊
12/18 00:36 牡牛
12/20 01:39 双子
12/22 03:03 蟹
12/24 06:34 獅子
12/26 13:32 乙女
12/29 00:05 天秤
12/31 12:36 蠍

1981年

1/03 00:42 射手
1/05 10:41 山羊
1/07 18:12 水瓶
1/09 23:42 魚
1/12 03:43 牡羊
1/14 06:45 牡牛
1/16 09:17 双子
1/18 12:08 蟹
1/20 16:21 獅子
1/22 23:02 乙女
1/25 08:45 天秤
1/27 20:49 蠍
1/30 09:12 射手
2/01 19:37 山羊
2/04 02:55 水瓶
2/06 07:21 魚
2/08 10:01 牡羊
2/10 12:11 牡牛
2/12 14:51 双子
2/14 18:43 蟹
2/17 00:10 獅子
2/19 07:34 乙女
2/21 17:12 天秤
2/24 04:54 蠍
2/26 17:29 射手
3/01 04:46 山羊
3/03 12:51 水瓶
3/05 17:12 魚
3/07 18:48 牡羊
3/09 19:22 牡牛
3/11 20:42 双子
3/14 00:06 蟹
3/16 06:02 獅子
3/18 14:20 乙女

3/21 00:31 天秤
3/23 12:14 蠍
3/26 00:51 射手
3/28 12:52 山羊
3/30 22:15 水瓶
4/02 03:41 魚
4/04 05:25 牡羊
4/06 05:04 牡牛
4/08 04:47 双子
4/10 06:34 蟹
4/12 11:36 獅子
4/14 19:56 乙女
4/17 06:38 天秤
4/19 18:39 蠍
4/22 07:15 射手
4/24 19:31 山羊
4/27 05:57 水瓶
4/29 12:56 魚
5/01 15:57 牡羊
5/03 15:59 牡牛
5/05 15:01 双子
5/07 15:18 蟹
5/09 18:40 獅子
5/12 01:55 乙女
5/14 12:24 天秤
5/17 00:37 蠍
5/19 13:14 射手
5/22 01:20 山羊
5/24 12:01 水瓶
5/26 20:05 魚
5/29 00:44 牡羊
5/31 02:10 牡牛
6/02 01:48 双子
6/04 01:38 蟹
6/06 03:43 獅子
6/08 09:25 乙女
6/10 18:55 天秤
6/13 06:54 蠍
6/15 19:31 射手
6/18 07:21 山羊
6/20 17:36 水瓶
6/23 01:44 魚
6/25 07:18 牡羊
6/27 10:16 牡牛
6/29 11:21 双子
7/01 11:57 蟹
7/03 13:47 獅子
7/05 18:26 乙女
7/08 02:42 天秤
7/10 14:02 蠍
7/13 02:35 射手
7/15 14:19 山羊
7/18 00:02 水瓶
7/20 07:26 魚
7/22 12:44 牡羊
7/24 16:18 牡牛
7/26 18:42 双子
7/28 20:41 蟹
7/30 23:20 獅子
8/02 03:54 乙女
8/04 11:24 天秤
8/06 21:58 蠍
8/09 10:22 射手
8/11 22:20 山羊
8/14 07:56 水瓶
8/16 14:34 魚
8/18 18:49 牡羊
8/20 21:43 牡牛
8/23 00:18 双子
8/25 03:17 蟹
8/27 07:10 獅子
8/29 12:32 乙女
8/31 20:02 天秤
9/03 06:10 蠍
9/05 18:24 射手
9/08 06:48 山羊
9/10 16:59 水瓶
9/12 23:34 魚
9/15 02:55 牡羊
9/17 04:30 牡牛
9/19 05:59 双子
9/21 08:39 蟹
9/23 13:08 獅子
9/25 19:29 乙女
9/28 03:40 天秤
9/30 13:53 蠍
10/03 01:59 射手
10/05 14:49 山羊
10/08 02:01 水瓶
10/10 09:32 魚
10/12 13:01 牡羊
10/14 13:43 牡牛
10/16 13:41 双子
10/18 14:52 蟹

10/20 18:34 獅子
10/23 01:05 乙女
10/25 09:57 天秤
10/27 20:38 蠍
10/30 08:48 射手
11/01 21:46 山羊
11/04 09:51 水瓶
11/06 18:52 魚
11/08 23:39 牡羊
11/11 00:44 牡牛
11/12 23:59 双子
11/14 23:37 蟹
11/17 01:32 獅子
11/19 06:53 乙女
11/21 15:33 天秤
11/24 02:37 蠍
11/26 15:00 射手
11/29 03:53 山羊
12/01 16:09 水瓶
12/04 02:16 魚
12/06 08:49 牡羊
12/08 11:31 牡牛
12/10 11:30 双子
12/12 10:40 蟹
12/14 11:08 獅子
12/16 14:38 乙女
12/18 21:58 天秤
12/21 08:39 蠍
12/23 21:11 射手
12/26 09:59 山羊
12/28 21:54 水瓶
12/31 08:01 魚

1982年

1/02 15:33 牡羊
1/04 20:02 牡牛
1/06 21:49 双子
1/08 22:01 蟹
1/10 22:21 獅子
1/13 00:37 乙女
1/15 06:17 天秤
1/17 15:46 蠍
1/20 04:00 射手
1/22 16:51 山羊
1/25 04:25 水瓶
1/27 13:49 魚
1/29 20:58 牡羊
2/01 02:03 牡牛
2/03 05:20 双子
2/05 07:18 蟹
2/07 08:50 獅子
2/09 11:15 乙女
2/11 16:02 天秤
2/14 00:16 蠍
2/16 11:45 射手
2/19 00:36 山羊
2/21 12:15 水瓶
2/23 21:09 魚
2/26 03:17 牡羊
2/28 07:32 牡牛
3/02 10:50 双子
3/04 13:48 蟹
3/06 16:50 獅子
3/08 20:27 乙女
3/11 01:34 天秤
3/13 09:17 蠍
3/15 20:03 射手
3/18 08:47 山羊
3/20 20:53 水瓶
3/23 06:01 魚
3/25 11:37 牡羊
3/27 14:39 牡牛
3/29 16:44 双子
3/31 19:09 蟹
4/02 22:36 獅子
4/05 03:18 乙女
4/07 09:26 天秤
4/09 17:33 蠍
4/12 04:07 射手
4/14 16:41 山羊
4/17 05:18 水瓶
4/19 15:20 魚
4/21 21:23 牡羊
4/23 23:59 牡牛
4/26 00:48 双子
4/28 01:43 蟹
4/30 04:09 獅子
5/02 08:45 乙女
5/04 15:32 天秤
5/07 00:24 蠍
5/09 11:17 射手
5/11 23:50 山羊
5/14 12:44 水瓶
5/16 23:46 魚
5/19 07:04 牡羊

5/21 10:22 牡牛
5/23 10:54 双子
5/25 10:38 蟹
5/27 11:27 獅子
5/29 14:43 乙女
5/31 21:02 天秤
6/03 06:12 蠍
6/05 17:31 射手
6/08 06:12 山羊
6/10 19:08 水瓶
6/13 06:44 魚
6/15 15:20 牡羊
6/17 20:07 牡牛
6/19 21:34 双子
6/21 21:13 蟹
6/23 20:57 獅子
6/25 22:36 乙女
6/28 03:30 天秤
6/30 12:02 蠍
7/02 23:25 射手
7/05 12:15 山羊
7/08 01:03 水瓶
7/10 12:35 魚
7/12 21:49 牡羊
7/15 04:00 牡牛
7/17 07:03 双子
7/19 07:46 蟹
7/21 07:35 獅子
7/23 08:20 乙女
7/25 11:45 天秤
7/27 18:58 蠍
7/30 05:48 射手
8/01 18:36 山羊
8/04 07:17 水瓶
8/06 18:23 魚
8/09 03:21 牡羊
8/11 10:00 牡牛
8/13 14:22 双子
8/15 16:40 蟹
8/17 17:40 獅子
8/19 18:40 乙女
8/21 21:22 天秤
8/24 03:21 蠍
8/26 13:11 射手
8/29 01:42 山羊
8/31 14:23 水瓶
9/03 01:11 魚
9/05 09:24 牡羊
9/07 15:27 牡牛
9/09 19:57 双子
9/11 23:18 蟹
9/14 01:46 獅子
9/16 03:57 乙女
9/18 07:03 天秤
9/20 12:32 蠍
9/22 21:30 射手
9/25 09:31 山羊
9/27 22:21 水瓶
9/30 09:18 魚
10/02 17:06 牡羊
10/04 22:09 牡牛
10/07 01:39 双子
10/09 04:39 蟹
10/11 07:44 獅子
10/13 11:09 乙女
10/15 15:23 天秤
10/17 21:21 蠍
10/20 06:02 射手
10/22 17:38 山羊
10/25 06:36 水瓶
10/27 18:12 魚
10/30 02:25 牡羊
11/01 07:04 牡牛
11/03 09:23 双子
11/05 10:59 蟹
11/07 13:10 獅子
11/09 16:40 乙女
11/11 21:46 天秤
11/14 04:42 蠍
11/16 13:52 射手
11/19 01:21 山羊
11/21 14:20 水瓶
11/24 02:43 魚
11/26 12:07 牡羊
11/28 17:31 牡牛
11/30 19:36 双子
12/02 19:58 蟹
12/04 20:26 獅子
12/06 22:32 乙女
12/09 03:11 天秤
12/11 10:35 蠍
12/13 20:27 射手
12/16 08:15 山羊
12/18 21:12 水瓶

12/21 09:56 魚
12/23 20:34 牡羊
12/26 03:37 牡牛
12/28 06:49 双子
12/30 07:12 蟹

1983年

1/01 06:33 獅子
1/03 06:49 乙女
1/05 09:44 天秤
1/07 16:16 蠍
1/10 02:14 射手
1/12 14:26 山羊
1/15 03:26 水瓶
1/17 16:02 魚
1/20 03:08 牡羊
1/22 11:36 牡牛
1/24 16:40 双子
1/26 18:28 蟹
1/28 18:10 獅子
1/30 17:35 乙女
2/01 18:47 天秤
2/03 23:32 蠍
2/06 08:28 射手
2/08 20:33 山羊
2/11 09:40 水瓶
2/13 22:02 魚
2/16 08:46 牡羊
2/18 17:30 牡牛
2/20 23:52 双子
2/23 03:31 蟹
2/25 04:47 獅子
2/27 04:49 乙女
3/01 05:30 天秤
3/03 08:51 蠍
3/05 16:15 射手
3/08 03:29 山羊
3/10 16:30 水瓶
3/13 04:47 魚
3/15 15:00 牡羊
3/17 23:04 牡牛
3/20 05:20 双子
3/22 09:52 蟹
3/24 12:43 獅子
3/26 14:18 乙女
3/28 15:48 天秤
3/30 18:57 蠍
4/02 01:20 射手
4/04 11:30 山羊
4/07 00:06 水瓶
4/09 12:30 魚
4/11 22:37 牡羊
4/14 05:59 牡牛
4/16 11:15 双子
4/18 15:14 蟹
4/20 18:26 獅子
4/22 21:12 乙女
4/25 00:04 天秤
4/27 04:04 蠍
4/29 10:28 射手
5/01 20:01 山羊
5/04 08:09 水瓶
5/06 20:43 魚
5/09 07:16 牡羊
5/11 14:36 牡牛
5/13 19:03 双子
5/15 21:48 蟹
5/18 00:01 獅子
5/20 02:37 乙女
5/22 06:11 天秤
5/24 11:17 蠍
5/26 18:27 射手
5/29 04:07 山羊
5/31 16:00 水瓶
6/03 04:42 魚
6/05 15:59 牡羊
6/08 00:05 牡牛
6/10 04:37 双子
6/12 06:32 蟹
6/14 07:21 獅子
6/16 08:38 乙女
6/18 11:36 天秤
6/20 16:59 蠍
6/23 00:55 射手
6/25 11:08 山羊
6/27 23:07 水瓶
6/30 11:52 魚
7/02 23:47 牡羊
7/05 09:05 牡牛
7/07 14:41 双子
7/09 16:50 蟹
7/11 16:54 獅子
7/13 16:43 乙女
7/15 18:10 天秤
7/17 22:38 蠍

7/20 06:31 射手
7/22 17:11 山羊
7/25 05:26 水瓶
7/27 18:11 魚
7/30 06:21 牡羊
8/01 16:37 牡牛
8/03 23:43 双子
8/06 03:09 蟹
8/08 03:37 獅子
8/10 02:49 乙女
8/12 02:51 天秤
8/14 05:44 蠍
8/16 12:33 射手
8/18 22:59 山羊
8/21 11:25 水瓶
8/24 00:10 魚
8/26 12:08 牡羊
8/28 22:38 牡牛
8/31 06:49 双子
9/02 11:53 蟹
9/04 13:47 獅子
9/06 13:36 乙女
9/08 13:13 天秤
9/10 14:49 蠍
9/12 20:08 射手
9/15 05:34 山羊
9/17 17:46 水瓶
9/20 06:30 魚
9/22 18:10 牡羊
9/25 04:12 牡牛
9/27 12:24 双子
9/29 18:24 蟹
10/01 21:54 獅子
10/03 23:15 乙女
10/05 23:42 天秤
10/08 01:06 蠍
10/10 05:21 射手
10/12 13:30 山羊
10/15 01:00 水瓶
10/17 13:41 魚
10/20 01:18 牡羊
10/22 10:47 牡牛
10/24 18:10 双子
10/26 23:47 蟹
10/29 03:50 獅子
10/31 06:33 乙女
11/02 08:31 天秤
11/04 10:53 蠍
11/06 15:09 射手
11/08 22:31 山羊
11/11 09:10 水瓶
11/13 21:41 魚
11/16 09:36 牡羊
11/18 19:06 牡牛
11/21 01:45 双子
11/23 06:10 蟹
11/25 09:19 獅子
11/27 12:02 乙女
11/29 14:57 天秤
12/01 18:41 蠍
12/03 23:56 射手
12/06 07:28 山羊
12/08 17:39 水瓶
12/11 05:53 魚
12/13 18:17 牡羊
12/16 04:33 牡牛
12/18 11:24 双子
12/20 15:02 蟹
12/22 16:44 獅子
12/24 18:01 乙女
12/26 20:18 天秤
12/29 00:27 蠍
12/31 06:44 射手

1984年

1/02 15:07 山羊
1/05 01:30 水瓶
1/07 13:34 魚
1/10 02:15 牡羊
1/12 13:36 牡牛
1/14 21:40 双子
1/17 01:48 蟹
1/19 02:50 獅子
1/21 02:35 乙女
1/23 03:07 天秤
1/25 06:04 蠍
1/27 12:12 射手
1/29 21:12 山羊
2/01 08:11 水瓶
2/03 20:22 魚
2/06 09:04 牡羊
2/08 21:05 牡牛
2/11 06:39 双子
2/13 12:20 蟹
2/15 14:09 獅子

月の星座早見表（月の移動：日付・時刻・星座）

第1列（1984年）

```
2/17 13:32 乙女
2/19 12:39 天秤
2/21 13:44 蠍
2/23 18:22 射手
2/26 02:49 山羊
2/28 14:02 水瓶
3/02 02:29 魚
3/04 15:07 牡羊
3/07 03:09 牡牛
3/09 13:30 双子
3/11 20:48 蟹
3/14 00:01 獅子
3/16 00:47 乙女
3/17 23:51 天秤
3/19 23:49 蠍
3/22 02:41 射手
3/24 09:36 山羊
3/26 20:09 水瓶
3/29 08:37 魚
3/31 21:14 牡羊
4/03 08:55 牡牛
4/05 19:04 双子
4/08 02:59 蟹
4/10 08:01 獅子
4/12 10:11 乙女
4/14 10:29 天秤
4/16 10:41 蠍
4/18 12:44 射手
4/20 18:10 山羊
4/23 03:27 水瓶
4/25 15:26 魚
4/28 04:03 牡羊
4/30 15:30 牡牛
5/03 01:02 双子
5/05 08:26 蟹
5/07 13:43 獅子
5/09 17:02 乙女
5/11 18:54 天秤
5/13 20:02 蠍
5/15 22:50 射手
5/18 04:13 山羊
5/20 11:55 水瓶
5/22 23:09 魚
5/25 11:39 牡羊
5/27 23:13 牡牛
5/30 08:23 双子
6/01 14:54 蟹
6/03 19:19 獅子
6/05 22:27 乙女
6/08 01:03 天秤
6/10 03:48 蠍
6/12 07:26 射手
6/14 12:48 山羊
6/16 20:41 水瓶
6/19 07:18 魚
6/21 19:40 牡羊
6/24 07:38 牡牛
6/26 17:04 双子
6/28 23:09 蟹
7/01 02:30 獅子
7/03 04:28 天秤
7/05 06:27 蠍
7/07 09:28 射手
7/09 14:03 山羊
7/11 20:23 水瓶
7/14 04:41 魚
7/16 15:10 牡羊
7/19 03:26 牡牛
7/21 15:52 双子
7/24 02:10 蟹
7/26 08:44 獅子
7/28 11:41 乙女
7/30 12:29 天秤
8/01 13:03 蠍
8/03 15:04 射手
8/05 19:30 山羊
8/08 02:24 水瓶
8/10 11:25 魚
8/12 22:13 牡羊
8/15 10:28 牡牛
8/17 23:11 双子
8/20 10:31 蟹
8/22 18:20 獅子
8/24 22:00 乙女
8/26 22:52 天秤
8/28 21:57 蠍
8/30 22:03 射手
9/02 00:42 山羊
9/04 07:55 水瓶
9/06 17:11 魚
9/09 04:24 牡羊
9/11 16:47 牡牛
9/14 05:33 双子
9/16 17:26 蟹
```

第2列（1984〜1985年）

```
9/19 02:36 蟹
9/21 07:49 獅子
9/23 09:19 乙女
9/25 08:41 天秤
9/27 08:04 蠍
9/29 09:32 射手
10/01 14:28 山羊
10/03 23:03 水瓶
10/06 10:19 魚
10/08 22:51 牡羊
10/11 11:28 牡牛
10/13 23:14 双子
10/16 08:40 蟹
10/18 15:41 獅子
10/20 18:56 乙女
10/22 19:32 天秤
10/24 19:08 蠍
10/26 19:43 射手
10/28 23:26 山羊
10/31 06:13 水瓶
11/02 16:50 魚
11/05 05:04 牡羊
11/07 17:53 牡牛
11/10 05:10 双子
11/12 14:31 蟹
11/14 21:34 獅子
11/17 02:08 乙女
11/19 04:29 天秤
11/21 05:31 蠍
11/23 06:34 射手
11/25 09:17 山羊
11/27 15:06 水瓶
11/30 00:33 魚
12/02 12:42 牡羊
12/05 01:26 牡牛
12/07 12:24 双子
12/09 20:56 蟹
12/12 03:08 獅子
12/14 07:35 乙女
12/16 10:52 天秤
12/18 13:27 蠍
12/20 15:58 射手
12/22 19:21 山羊
12/25 00:47 水瓶
12/27 09:18 魚
12/29 20:49 牡羊
```
1985年
```
1/01 09:36 牡牛
1/03 21:00 双子
1/06 05:18 蟹
1/08 10:28 獅子
1/10 13:40 乙女
1/12 16:13 天秤
1/14 19:07 蠍
1/16 22:48 射手
1/19 03:29 山羊
1/21 09:38 水瓶
1/23 18:02 魚
1/26 05:03 牡羊
1/28 17:53 牡牛
1/31 06:01 双子
2/02 14:59 蟹
2/04 20:02 獅子
2/06 22:09 乙女
2/08 23:10 天秤
2/11 00:49 蠍
2/13 04:09 射手
2/15 09:37 山羊
2/17 17:40 水瓶
2/20 03:58 魚
2/22 16:09 牡羊
2/25 05:02 牡牛
2/27 16:36 双子
3/02 00:23 蟹
3/04 04:28 獅子
3/06 05:43 乙女
3/08 05:49 天秤
3/10 06:47 蠍
3/12 10:10 射手
3/14 14:55 山羊
3/16 23:47 水瓶
3/19 10:05 魚
3/21 22:24 牡羊
3/24 11:18 牡牛
3/26 23:01 双子
3/29 08:13 蟹
3/31 13:40 獅子
4/02 15:32 乙女
4/04 19:25 天秤
4/06 ... 牡牛
4/08 19:17 蠍
4/10 ... 射手
4/13 04:04 山羊
4/15 13:31 魚
```

第3列（1985年）

```
4/18 01:18 牡羊
4/20 14:12 牡牛
4/23 03:01 双子
4/25 14:26 蟹
4/27 23:10 獅子
4/30 04:24 乙女
5/02 06:22 天秤
5/04 06:17 蠍
5/06 05:56 射手
5/08 07:11 山羊
5/10 11:38 水瓶
5/12 19:56 魚
5/15 07:22 牡羊
5/17 20:23 牡牛
5/20 09:01 双子
5/22 20:05 蟹
5/25 04:54 獅子
5/27 11:06 乙女
5/29 14:41 天秤
5/31 16:07 蠍
6/02 16:33 射手
6/04 17:34 山羊
6/06 20:52 水瓶
6/09 03:46 魚
6/11 14:24 牡羊
6/14 03:11 牡牛
6/16 15:45 双子
6/19 02:22 蟹
6/21 10:32 獅子
6/23 16:32 乙女
6/25 20:48 天秤
6/27 23:37 蠍
6/30 01:30 射手
7/02 03:22 山羊
7/04 06:36 水瓶
7/06 12:40 魚
7/08 22:21 牡羊
7/11 10:44 牡牛
7/13 23:23 双子
7/16 09:54 蟹
7/18 17:17 獅子
7/20 22:29 乙女
7/23 02:10 天秤
7/25 05:16 蠍
7/27 08:12 射手
7/29 11:21 山羊
7/31 15:25 水瓶
8/02 21:33 魚
8/05 06:43 牡羊
8/07 18:41 牡牛
8/10 07:31 双子
8/12 18:49 蟹
8/15 01:57 獅子
8/17 06:15 乙女
8/19 08:44 天秤
8/21 10:51 蠍
8/23 13:36 射手
8/25 17:24 山羊
8/27 22:40 水瓶
8/30 05:25 魚
9/01 14:42 牡羊
9/04 02:28 牡牛
9/06 15:18 双子
9/09 03:10 蟹
9/11 11:27 獅子
9/13 15:51 乙女
9/15 17:14 天秤
9/17 17:22 蠍
9/19 18:04 射手
9/21 20:49 山羊
9/24 02:22 水瓶
9/26 10:48 魚
9/28 21:41 牡羊
10/01 09:35 牡牛
10/03 22:36 双子
10/06 10:59 蟹
10/08 20:30 獅子
10/11 02:09 乙女
10/13 04:07 天秤
10/15 03:48 蠍
10/17 03:05 射手
10/19 03:59 山羊
10/21 08:01 水瓶
10/23 15:56 魚
10/26 03:06 牡羊
10/28 15:59 牡牛
10/31 04:57 双子
11/02 17:01 蟹
11/05 03:07 獅子
11/07 10:18 乙女
11/09 14:12 天秤
11/11 15:16 蠍
11/13 14:59 射手
11/15 14:53 山羊
```

第4列（1985〜1986年）

```
11/17 17:25 水瓶
11/19 23:42 魚
11/22 09:44 牡羊
11/24 22:07 牡牛
11/27 11:08 双子
11/29 22:42 蟹
12/02 09:59 獅子
12/04 18:14 乙女
12/06 23:33 天秤
12/09 01:56 蠍
12/11 02:13 射手
12/13 02:05 山羊
12/15 03:15 水瓶
12/17 07:50 魚
12/19 16:37 牡羊
12/22 04:41 牡牛
12/24 17:34 双子
12/27 05:44 蟹
12/29 15:44 獅子
12/31 23:43 乙女
```
1986年
```
1/03 05:45 天秤
1/05 09:44 蠍
1/07 11:44 射手
1/09 12:34 山羊
1/11 13:42 水瓶
1/13 17:39 魚
1/16 01:03 牡羊
1/18 12:14 牡牛
1/21 01:03 双子
1/23 13:15 蟹
1/25 22:47 獅子
1/28 05:11 乙女
1/30 08:51 天秤
2/01 10:39 蠍
2/03 11:47 射手
2/05 13:32 山羊
2/07 17:15 水瓶
2/09 23:49 魚
2/12 09:21 牡羊
2/14 21:01 牡牛
2/17 09:44 双子
2/19 21:42 蟹
2/22 07:25 獅子
2/24 13:58 乙女
2/26 17:25 天秤
2/28 18:28 蠍
3/02 18:36 射手
3/04 19:25 山羊
3/06 22:32 水瓶
3/09 04:55 魚
3/11 14:33 牡羊
3/14 02:37 牡牛
3/16 15:20 双子
3/19 03:03 蟹
3/21 12:31 獅子
3/23 19:17 乙女
3/26 00:02 天秤
3/28 03:12 蠍
3/30 05:28 射手
4/01 07:40 山羊
4/03 10:54 水瓶
4/05 16:28 魚
4/08 01:06 牡羊
4/10 12:36 牡牛
4/13 01:20 双子
4/15 13:18 蟹
4/17 22:41 獅子
4/20 05:11 乙女
4/22 09:24 天秤
4/24 12:23 蠍
4/26 15:03 射手
4/28 18:07 山羊
4/30 22:13 水瓶
5/03 04:20 魚
5/05 13:15 牡羊
5/08 00:43 牡牛
5/10 13:23 双子
5/13 01:36 蟹
5/15 11:41 獅子
5/17 18:56 乙女
5/19 23:33 天秤
5/22 02:17 蠍
5/24 04:16 射手
5/26 06:44 山羊
5/28 10:35 水瓶
5/30 16:44 魚
6/02 01:28 牡羊
6/04 13:07 牡牛
6/07 02:01 双子
6/09 13:49 蟹
6/11 22:53 獅子
6/14 05:04 乙女
6/16 09:09 天秤
```

第5列（1986〜1987年）

```
6/18 11:36 蠍
6/20 12:36 射手
6/22 12:00 山羊
6/24 12:15 水瓶
6/26 14:12 魚
6/28 20:35 牡羊
7/01 06:54 牡牛
7/03 19:32 双子
7/06 08:19 蟹
7/08 19:56 獅子
7/11 05:50 乙女
7/13 13:19 天秤
7/15 18:58 蠍
7/17 23:00 射手
7/20 01:47 山羊
7/22 03:49 水瓶
7/24 06:26 魚
7/26 11:23 牡羊
7/28 19:59 牡牛
7/31 07:50 双子
8/02 20:42 蟹
8/05 08:14 獅子
8/07 17:24 乙女
8/10 00:24 天秤
8/12 05:42 蠍
8/14 09:34 射手
8/16 12:17 山羊
8/18 14:31 水瓶
8/20 17:23 魚
8/22 22:10 牡羊
8/25 05:58 牡牛
8/27 16:56 双子
8/30 05:48 蟹
9/01 18:02 獅子
9/04 03:16 乙女
9/06 09:12 天秤
9/08 12:42 蠍
9/10 15:09 射手
9/12 17:34 山羊
9/14 20:44 水瓶
9/17 01:00 魚
9/19 06:48 牡羊
9/21 14:54 牡牛
9/24 01:40 双子
9/26 14:25 蟹
9/29 03:08 獅子
10/01 13:57 乙女
10/03 21:26 天秤
10/06 01:17 蠍
10/08 02:44 射手
10/10 03:28 山羊
10/12 05:10 水瓶
10/14 09:03 魚
10/16 15:48 牡羊
10/18 23:54 牡牛
10/21 09:41 双子
10/23 22:04 蟹
10/26 10:44 獅子
10/28 21:59 乙女
10/31 06:21 天秤
11/02 11:04 蠍
11/04 12:50 射手
11/06 13:00 山羊
11/08 13:17 水瓶
11/10 15:35 魚
11/12 21:07 牡羊
11/15 06:24 牡牛
11/17 18:27 双子
11/20 07:04 蟹
11/22 18:52 獅子
11/25 05:06 乙女
11/27 13:11 天秤
11/29 18:42 蠍
12/01 21:33 射手
12/03 22:20 山羊
12/05 22:30 水瓶
12/07 23:58 魚
12/10 04:26 牡羊
12/12 12:48 牡牛
12/15 00:30 双子
12/17 13:11 蟹
12/20 00:55 獅子
12/22 10:38 乙女
12/24 18:06 天秤
12/26 23:13 蠍
12/29 02:13 射手
```
1987年
```
1/01 03:51 山羊
1/03 21:36 水瓶... 魚
1/06 06:13 牡羊
1/08 06:32 牡牛
1/10 14:41 双子
1/13 10:18 蟹
```

第6列（1987年）

```
1/15 22:45 獅子
1/18 10:15 乙女
1/20 20:09 天秤
1/23 03:30 蠍
1/25 07:35 射手
1/27 08:42 山羊
1/29 08:24 水瓶
1/31 08:26 魚
2/02 11:09 牡羊
2/04 17:53 牡牛
2/07 04:23 双子
2/09 16:55 蟹
2/12 05:21 獅子
2/14 16:26 乙女
2/17 01:44 天秤
2/19 09:04 蠍
2/21 14:09 射手
2/23 16:57 山羊
2/25 18:03 水瓶
2/27 19:07 魚
3/01 21:37 牡羊
3/04 03:11 牡牛
3/06 12:36 双子
3/09 00:47 蟹
3/11 12:54 獅子
3/13 23:55 乙女
3/16 08:34 天秤
3/18 14:57 蠍
3/20 19:32 射手
3/22 22:48 山羊
3/25 01:18 水瓶
3/27 03:46 魚
3/29 07:12 牡羊
3/31 12:49 牡牛
4/02 21:32 双子
4/05 08:33 蟹
4/07 21:04 獅子
4/10 08:28 乙女
4/12 16:55 天秤
4/14 22:41 蠍
4/17 02:33 射手
4/19 04:21 山羊
4/21 06:45 水瓶
4/23 10:02 魚
4/25 14:41 牡羊
4/27 21:06 牡牛
4/30 05:43 双子
5/02 16:39 蟹
5/05 05:06 獅子
5/07 17:07 乙女
5/10 02:29 天秤
5/12 08:31 蠍
5/14 10:41 射手
5/16 11:37 山羊
5/18 12:42 水瓶
5/20 15:24 魚
5/22 20:10 牡羊
5/25 03:39 牡牛
5/27 12:55 双子
5/29 23:59 蟹
6/01 12:28 獅子
6/04 00:56 乙女
6/06 11:24 天秤
6/08 18:06 蠍
6/10 20:53 射手
6/12 21:02 山羊
6/14 20:25 水瓶
6/16 21:00 魚
6/19 00:18 牡羊
6/21 06:54 牡牛
6/23 16:24 双子
6/26 03:58 蟹
6/28 16:52 獅子
7/01 05:36 乙女
7/03 16:55 天秤
7/06 00:10 蠍
7/08 04:36 射手
7/10 04:43 山羊
7/12 05:06 水瓶
7/14 06:36 魚
7/16 09:00 牡羊
7/18 15:04 牡牛
7/20 23:41 双子
7/23 12:13 蟹
7/26 00:50 獅子
7/28 13:28 乙女
7/31 00:50 天秤
8/02 09:54 蠍
8/04 15:47 射手
8/06 17:52 山羊
8/08 17:37 水瓶
8/10 17:01 魚
8/12 18:09 牡羊
8/14 22:38 牡牛
```

第7列（1987〜1988年）

```
8/17 06:59 双子
8/19 18:19 蟹
8/22 06:21 獅子
8/24 19:23 乙女
8/27 06:35 天秤
8/29 15:49 蠍
8/31 22:24 射手
9/03 02:04 山羊
9/05 03:32 水瓶
9/07 03:37 魚
9/09 04:34 牡羊
9/11 07:57 牡牛
9/13 14:54 双子
9/16 01:22 蟹
9/18 13:50 獅子
9/21 02:13 乙女
9/23 13:49 天秤
9/25 21:30 蠍
9/28 03:49 射手
9/30 08:08 山羊
10/02 10:51 水瓶
10/04 14:35 魚
10/06 14:58 牡羊
10/08 ... 牡牛
10/11 07:15 双子
10/13 17:15 蟹
10/16 04:25 獅子
10/18 17:15 乙女
10/20 03:35 天秤
10/23 05:55 蠍
10/25 ... 射手
10/27 ... 山羊
10/29 ... 水瓶
10/31 15:02 魚
11/03 15:11 牡羊
11/05 10:32 牡牛
11/07 10:25 双子
11/10 18:48 蟹
11/12 ... 獅子
11/14 08:19 乙女
11/16 18:43 天秤
11/19 03:06 蠍
11/21 09:37 射手
11/23 14:20 山羊
11/25 ... 水瓶
11/27 ... 魚
11/30 04:36 牡羊
12/02 14:10 牡牛
12/04 17:13 双子
12/07 ... 蟹
12/09 13:40 獅子
12/12 02:30 乙女
12/14 14:40 天秤
12/16 23:41 蠍
12/19 04:33 射手
12/21 06:06 山羊
12/23 06:20 水瓶
12/25 07:10 魚
12/27 10:34 牡羊
12/29 15:37 牡牛
12/31 23:29 双子
```
1988年
```
1/03 09:17 蟹
1/05 20:47 獅子
1/08 09:35 乙女
1/10 22:12 天秤
1/13 08:55 蠍
1/15 14:58 射手
1/17 17:15 山羊
1/19 17:02 水瓶
1/21 16:27 魚
1/23 17:31 牡羊
1/25 21:36 牡牛
1/28 05:02 双子
1/30 15:11 蟹
2/02 03:13 獅子
2/04 15:54 乙女
2/07 04:36 天秤
2/09 15:59 蠍
2/11 23:56 射手
2/14 04:25 山羊
2/16 04:25 水瓶... 魚
2/18 05:47 牡羊
2/20 03:35 牡牛
2/22 05:20 双子
2/24 11:42 蟹
2/27 02:15 獅子... 乙女
2/29 14:47 天秤
3/02 22:06 蠍
3/05 10:32 射手
3/07 13:03 山羊
3/10 00:59 水瓶... 魚
3/12 11:31 牡羊
3/14 14:08 牡牛
```

月の星座 (月の運行表) — 1988年〜1992年

月日 時刻 星座	月日 時刻 星座	月日 時刻 星座	月日 時刻 星座	月日 時刻 星座	月日 時刻 星座
3/16 14:42 魚	10/17 00:44 山羊	12/15 19:41 獅子	7/16 08:29 牡牛	2/13 01:16 水瓶	9/14 10:14 射手
3/18 14:45 牡羊	10/19 06:05 水瓶	12/18 02:19 乙女	7/18 10:32 双子	2/15 10:59 魚	9/16 22:04 山羊
3/20 16:05 牡牛	10/21 08:58 魚	12/20 12:45 天秤	7/20 11:44 蟹	2/17 18:11 牡羊	9/19 10:58 水瓶
3/22 20:21 双子	10/23 09:59 牡羊	12/23 01:18 蠍	7/22 12:45 獅子	2/19 18:27 牡牛	9/21 22:25 魚
3/25 04:27 蟹	10/25 10:22 牡牛	12/25 13:37 射手	7/24 17:17 乙女	2/22 03:10 双子	9/24 06:56 牡羊
3/27 15:54 獅子	10/27 11:55 双子	12/28 01:13 山羊	7/27 00:18 天秤	2/24 05:56 蟹	9/26 12:59 牡牛
3/30 04:49 乙女	10/29 16:28 蟹	12/30 08:38 水瓶	7/29 10:39 蠍	2/26 08:13 獅子	9/28 17:25 双子
4/01 17:05 天秤	11/01 01:03 獅子	**1990年**	7/31 23:00 射手	2/28 10:50 乙女	9/30 20:58 蟹
4/04 03:26 蠍	11/03 13:02 乙女	1/01 15:10 魚	8/03 11:09 山羊	3/02 15:03 天秤	10/02 23:58 獅子
4/06 11:29 射手	11/06 02:04 天秤	1/03 19:56 牡羊	8/05 21:19 水瓶	3/04 22:08 蠍	10/05 02:45 乙女
4/08 17:19 山羊	11/08 13:46 蠍	1/05 23:04 牡牛	8/08 04:54 魚	3/07 08:35 射手	10/07 07:00 天秤
4/10 21:10 水瓶	11/10 23:06 射手	1/08 01:02 双子	8/10 10:13 牡羊	3/09 21:14 山羊	10/09 11:00 蠍
4/12 23:24 魚	11/13 06:03 山羊	1/10 02:52 蟹	8/12 13:55 牡牛	3/12 09:00 水瓶	10/11 18:58 射手
4/15 00:47 牡羊	11/15 11:36 水瓶	1/12 06:02 獅子	8/14 16:41 双子	3/14 19:11 魚	10/14 06:10 山羊
4/17 02:31 牡牛	11/17 15:36 魚	1/14 11:12 乙女	8/16 19:12 蟹	3/17 01:41 牡羊	10/16 18:55 水瓶
4/19 06:10 双子	11/19 18:12 牡羊	1/16 19:14 天秤	8/18 22:11 獅子	3/19 05:40 牡牛	10/19 06:53 魚
4/21 13:04 蟹	11/21 20:13 牡牛	1/19 09:16 蠍	8/21 02:33 乙女	3/21 08:02 双子	10/21 15:33 牡羊
4/23 23:34 獅子	11/23 22:12 双子	1/21 21:44 射手	8/23 09:17 天秤	3/23 11:27 蟹	10/23 20:55 牡牛
4/26 12:16 乙女	11/26 01:31 蟹	1/24 09:45 山羊	8/25 18:56 蠍	3/25 14:43 獅子	10/26 00:09 双子
4/29 00:37 天秤	11/28 09:52 獅子	1/26 19:25 水瓶	8/28 06:57 射手	3/27 18:41 乙女	10/28 02:37 蟹
5/01 10:39 蠍	11/30 21:00 乙女	1/29 01:55 魚	8/30 19:23 山羊	3/30 00:19 天秤	10/30 04:53 獅子
5/03 17:52 射手	12/03 09:56 天秤	1/31 05:04 牡羊	9/02 05:51 水瓶	4/01 07:01 蠍	11/01 08:00 乙女
5/05 22:54 山羊	12/05 21:51 蠍	2/02 05:38 牡牛	9/04 13:55 魚	4/03 16:59 射手	11/03 12:36 天秤
5/08 02:37 水瓶	12/08 06:55 射手	2/04 05:12 双子	9/06 18:13 牡羊	4/06 05:19 山羊	11/05 19:09 蠍
5/10 05:39 魚	12/10 13:07 山羊	2/06 05:14 蟹	9/08 19:55 牡牛	4/08 18:00 水瓶	11/08 04:23 射手
5/12 08:23 牡羊	12/12 17:20 水瓶	2/08 07:12 獅子	9/10 20:33 双子	4/11 04:18 魚	11/10 16:16 山羊
5/14 11:22 牡牛	12/14 20:53 魚	2/10 11:47 乙女	9/13 00:53 蟹	4/13 10:50 牡羊	11/13 05:01 水瓶
5/16 15:31 双子	12/17 00:03 牡羊	2/12 20:06 天秤	9/15 04:52 獅子	4/15 14:06 牡牛	11/15 15:33 魚
5/18 22:05 蟹	12/19 03:11 牡牛	2/15 07:34 蠍	9/17 10:19 乙女	4/17 15:41 双子	11/18 01:08 牡羊
5/21 07:51 獅子	12/21 07:13 双子	2/17 20:10 射手	9/19 17:34 天秤	4/19 17:17 蟹	11/20 06:49 牡牛
5/23 20:12 乙女	12/23 11:35 蟹	2/20 08:58 山羊	9/22 03:06 蠍	4/21 20:10 獅子	11/22 10:15 双子
5/26 08:49 天秤	12/25 18:57 獅子	2/22 20:37 水瓶	9/24 14:52 射手	4/24 00:29 乙女	11/24 11:37 蟹
5/28 19:06 蠍	12/28 05:19 乙女	2/25 06:11 魚	9/27 03:36 山羊	4/26 06:32 天秤	11/26 12:16 獅子
5/31 01:57 射手	12/30 18:09 天秤	2/27 12:51 牡羊	9/29 14:54 水瓶	4/28 14:34 蠍	11/28 14:02 乙女
6/02 05:58 山羊	**1989年**	3/01 16:19 牡牛	10/01 22:42 魚	5/01 00:42 射手	11/30 17:47 天秤
6/04 08:43 水瓶	1/02 06:34 蠍	3/03 17:08 双子	10/04 02:42 牡羊	5/03 12:55 山羊	12/03 00:14 蠍
6/06 11:00 魚	1/04 16:12 射手	3/05 16:52 蟹	10/06 03:34 牡牛	5/06 01:51 水瓶	12/05 09:56 射手
6/08 14:04 牡羊	1/06 22:14 山羊	3/07 17:21 獅子	10/08 04:47 双子	5/08 13:04 魚	12/07 21:41 山羊
6/10 18:02 牡牛	1/09 01:31 水瓶	3/10 04:47 乙女	10/10 06:29 蟹	5/10 20:35 牡羊	12/10 10:16 水瓶
6/12 23:14 双子	1/11 03:31 魚	3/12 14:09 天秤	10/12 10:16 獅子	5/13 00:07 牡牛	12/12 23:19 魚
6/15 06:19 蟹	1/13 05:36 牡羊	3/15 01:25 蠍	10/14 16:21 乙女	5/15 00:57 双子	12/15 10:06 牡羊
6/17 15:57 獅子	1/15 08:36 牡牛	3/17 13:56 射手	10/17 00:26 天秤	5/17 01:14 蟹	12/17 17:10 牡牛
6/20 04:03 乙女	1/17 12:57 双子	3/20 02:31 山羊	10/19 11:04 蠍	5/19 01:29 獅子	12/19 20:56 双子
6/22 16:57 天秤	1/19 18:59 蟹	3/22 13:49 水瓶	10/21 23:00 射手	5/21 03:36 乙女	12/21 22:30 蟹
6/25 03:58 蠍	1/22 03:02 獅子	3/24 21:09 魚	10/24 11:03 山羊	5/23 08:42 天秤	12/23 23:58 獅子
6/27 11:18 射手	1/24 13:32 乙女	3/26 23:38 牡羊	10/26 23:14 水瓶	5/25 17:33 蠍	12/26 01:33 乙女
6/29 15:00 山羊	1/27 02:01 天秤	3/28 19:19 牡牛	10/29 08:22 魚	5/28 05:21 射手	12/28 07:33 天秤
7/01 16:30 水瓶	1/29 14:49 蠍	3/31 23:23 双子	10/31 14:31 牡羊	5/30 18:11 山羊	12/31 07:03 蠍
7/03 17:33 魚	2/01 01:30 射手	4/02 02:50 蟹	11/02 17:06 牡牛	6/02 08:42 水瓶	**1992年**
7/05 19:37 牡羊	2/03 08:30 山羊	4/04 04:23 獅子	11/04 18:02 双子	6/04 20:36 魚	1/01 16:30 射手
7/07 23:27 牡牛	2/05 11:51 水瓶	4/06 10:42 乙女	11/06 19:24 蟹	6/07 08:04 牡羊	1/04 04:09 山羊
7/10 05:16 双子	2/07 12:52 魚	4/08 20:44 天秤	11/08 16:24 獅子	6/09 16:59 牡牛	1/06 16:59 水瓶
7/12 13:08 蟹	2/09 12:59 牡羊	4/11 08:18 蠍	11/10 21:48 乙女	6/11 22:48 双子	1/09 05:05 魚
7/14 23:11 獅子	2/11 14:45 牡牛	4/13 20:48 射手	11/13 04:17 天秤	6/13 13:03 蟹	1/11 14:23 牡羊
7/17 11:17 乙女	2/13 18:22 双子	4/16 09:07 山羊	11/15 16:39 蠍	6/16 04:18 獅子	1/14 02:00 牡牛
7/20 00:12 天秤	2/16 00:40 蟹	4/18 19:19 水瓶	11/18 04:37 射手	6/17 13:03 乙女	1/16 06:55 双子
7/22 12:13 蠍	2/18 09:33 獅子	4/21 02:57 魚	11/20 17:31 山羊	6/19 18:01 天秤	1/18 08:26 蟹
7/24 20:42 射手	2/20 20:44 乙女	4/23 05:58 牡羊	11/23 04:55 水瓶	6/21 18:42 蠍	1/20 07:57 獅子
7/27 01:07 山羊	2/23 09:29 天秤	4/25 06:03 牡牛	11/25 16:32 魚	6/24 13:16 射手	1/22 07:22 乙女
7/29 02:15 水瓶	2/25 21:57 蠍	4/27 05:25 双子	11/28 01:49 牡羊	6/26 01:49 山羊	1/24 08:42 天秤
7/31 02:23 魚	2/28 08:40 射手	4/29 05:39 蟹	11/30 07:55 牡牛	6/28 14:47 水瓶	1/26 13:32 蠍
8/02 02:53 牡羊	3/02 17:58 山羊	5/01 09:08 獅子	12/02 01:23 双子	7/02 02:51 魚	1/28 22:20 射手
8/04 05:24 牡牛	3/04 18:19 水瓶	5/03 16:18 乙女	12/04 00:27 蟹	7/04 12:33 牡羊	1/31 10:07 山羊
8/06 08:08 双子	3/06 23:59 魚	5/06 14:22 天秤	12/06 00:30 獅子	7/06 18:52 牡牛	2/02 22:55 水瓶
8/08 18:52 蟹	3/09 04:45 牡羊	5/08 13:58 蠍	12/08 07:00 乙女	7/08 21:48 双子	2/05 11:15 魚
8/11 05:26 獅子	3/11 05:47 牡牛	5/11 02:56 射手	12/10 22:22 天秤	7/10 22:21 蟹	2/07 22:07 牡羊
8/13 17:46 乙女	3/13 07:41 双子	5/13 15:55 山羊	12/13 05:39 蠍	7/12 21:35 獅子	2/10 06:21 牡牛
8/16 06:52 天秤	3/15 13:41 蟹	5/16 02:13 水瓶	12/15 20:44 射手	7/14 22:12 乙女	2/12 15:08 双子
8/18 19:12 蠍	3/17 20:09 獅子	5/18 10:54 魚	12/18 09:12 山羊	7/17 01:16 天秤	2/14 18:47 蟹
8/21 04:55 射手	3/20 05:31 乙女	5/20 15:31 牡羊	12/20 20:48 水瓶	7/19 08:41 蠍	2/16 19:15 獅子
8/23 10:49 山羊	3/22 15:24 天秤	5/22 16:42 牡牛	12/22 22:48 魚	7/21 19:16 射手	2/18 18:47 乙女
8/25 13:05 水瓶	3/25 04:10 蠍	5/24 16:00 双子	12/25 06:45 牡羊	7/24 07:55 山羊	2/20 19:04 天秤
8/27 13:01 魚	3/27 15:45 射手	5/26 15:34 蟹	12/27 07:02 牡牛	7/26 20:49 水瓶	2/22 22:11 蠍
8/29 12:29 牡羊	3/29 21:00 山羊	5/28 17:29 獅子	12/29 06:45 双子	7/29 08:35 魚	2/25 05:26 射手
8/31 13:24 牡牛	4/01 07:45 水瓶	5/30 23:05 乙女	12/31 10:42 蟹	7/31 17:42 牡羊	2/27 16:33 山羊
9/02 17:11 双子	4/03 10:37 魚	6/02 08:31 天秤	**1991年**	8/03 01:32 牡牛	3/01 05:34 水瓶
9/05 00:37 蟹	4/05 10:51 牡羊	6/04 20:22 蠍	1/02 08:38 獅子	8/05 05:54 双子	3/03 18:11 魚
9/07 11:14 獅子	4/07 10:07 牡牛	6/07 08:59 射手	1/04 14:05 乙女	8/07 07:47 蟹	3/06 05:07 牡羊
9/09 23:48 乙女	4/09 10:41 双子	6/09 21:12 山羊	1/06 21:14 天秤	8/09 08:09 獅子	3/08 14:05 牡牛
9/12 12:51 天秤	4/11 13:58 蟹	6/12 06:09 水瓶	1/09 04:59 蠍	8/11 08:35 乙女	3/10 21:03 双子
9/15 01:07 蠍	4/13 21:16 獅子	6/14 17:00 魚	1/11 14:39 射手	8/13 11:01 天秤	3/13 01:48 蟹
9/17 11:25 射手	4/16 08:39 乙女	6/16 22:55 牡羊	1/14 06:00 山羊	8/15 16:34 蠍	3/15 04:20 獅子
9/19 18:45 山羊	4/18 21:01 天秤	6/19 00:51 牡牛	1/16 18:41 水瓶	8/18 02:11 射手	3/17 05:13 乙女
9/21 22:43 水瓶	4/21 10:13 蠍	6/21 02:15 双子	1/19 07:26 魚	8/20 14:31 山羊	3/19 05:55 天秤
9/23 23:51 魚	4/23 21:07 射手	6/23 02:55 蟹	1/21 18:10 牡羊	8/23 03:26 水瓶	3/21 08:07 蠍
9/25 23:50 牡羊	4/26 07:05 山羊	6/25 03:25 獅子	1/23 23:01 牡牛	8/25 14:13 魚	3/23 14:13 射手
9/27 23:29 牡牛	4/28 14:53 水瓶	6/27 05:28 乙女	1/26 01:01 双子	8/27 22:25 牡羊	3/26 00:09 山羊
10/02 07:39 蟹	4/30 20:56 魚	6/29 10:37 天秤	1/28 01:18 蟹	8/30 03:35 牡牛	3/28 12:33 水瓶
10/04 17:37 獅子	5/02 20:51 牡羊	7/01 19:48 蠍	1/30 00:44 獅子	9/01 06:24 双子	3/31 01:23 魚
10/07 06:01 乙女	5/06 21:53 双子	7/04 07:39 射手	2/01 00:35 乙女	9/03 07:30 蟹	4/02 13:33 牡羊
10/09 19:03 天秤	5/09 00:40 蟹	7/06 20:18 山羊	2/03 02:59 天秤	9/05 08:21 獅子	4/04 20:18 牡牛
10/12 06:58 蠍	5/11 05:23 獅子	7/09 08:23 水瓶	2/05 09:16 蠍	9/07 10:35 乙女	4/09 07:18 蟹
10/14 16:58 射手	5/13 15:30 乙女	7/11 16:49 魚	2/10 13:16 山羊	9/09 15:18 天秤	4/11 10:46 獅子

4/13 13:09 乙女	7/15 19:03 水瓶	10/17 15:36 蟹	1/15 21:42 蠍	4/19 17:14 牡羊	7/22 03:24 乙女	10/22 19:49 水瓶
4/15 15:10 天秤	7/18 07:44 魚	10/19 20:07 獅子	1/18 03:30 射手	4/22 05:08 牡牛	7/24 03:47 天秤	10/25 06:17 魚
4/17 18:10 蠍	7/20 20:07 牡羊	10/21 22:27 乙女	1/20 11:46 山羊	4/24 15:27 双子	7/26 07:00 蠍	10/27 18:37 牡羊
4/19 23:40 射手	7/23 06:36 牡牛	10/23 23:39 天秤	1/22 22:23 水瓶	4/26 23:45 蟹	7/28 13:28 射手	10/30 07:20 牡牛
4/22 08:40 山羊	7/25 13:44 双子	10/26 01:04 蠍	1/25 09:47 魚	4/29 05:39 獅子	7/30 23:45 山羊	11/01 19:13 双子
4/24 20:13 水瓶	7/27 17:08 蟹	10/28 04:29 射手	1/27 21:55 牡羊	5/01 09:00 乙女	8/02 11:42 水瓶	11/04 05:25 蟹
4/27 09:20 魚	7/29 17:39 獅子	10/30 11:18 山羊	1/30 10:37 牡牛	5/03 10:57 天秤	8/05 00:31 魚	11/06 13:06 獅子
4/29 20:13 牡羊	7/31 17:01 乙女	11/01 21:43 水瓶	2/01 20:15 双子	5/05 10:57 蠍	8/07 11:44 牡羊	11/08 17:47 乙女
5/02 04:09 牡牛	8/02 17:17 天秤	11/04 10:09 魚	2/04 01:56 蟹	5/07 12:34 射手	8/09 21:29 牡牛	11/10 19:42 天秤
5/04 09:28 双子	8/04 20:16 蠍	11/06 22:19 牡羊	2/06 03:51 獅子	5/09 16:51 山羊	8/12 05:05 双子	11/12 20:00 蠍
5/06 13:09 蟹	8/07 02:57 射手	11/09 08:19 牡牛	2/08 03:51 乙女	5/12 00:44 水瓶	8/14 07:46 蟹	11/14 20:57 射手
5/08 16:07 獅子	8/09 13:00 山羊	11/11 15:49 双子	2/10 02:58 天秤	5/14 11:51 魚	8/16 11:43 獅子	11/16 22:34 山羊
5/10 18:56 乙女	8/12 01:13 水瓶	11/13 21:19 蟹	2/12 04:23 蠍	5/17 00:32 牡羊	8/18 12:41 乙女	11/19 03:17 水瓶
5/12 22:05 天秤	8/14 13:51 魚	11/16 01:23 獅子	2/14 09:08 射手	5/19 12:16 牡牛	8/20 12:15 天秤	11/21 13:27 魚
5/15 02:15 蠍	8/17 02:11 牡羊	11/18 04:28 乙女	2/16 17:20 山羊	5/21 22:07 双子	8/22 13:27 蠍	11/24 01:47 牡羊
5/17 08:22 射手	8/19 13:10 牡牛	11/20 07:03 天秤	2/19 04:05 水瓶	5/24 05:38 蟹	8/24 16:45 射手	11/26 14:14 牡牛
5/19 17:13 山羊	8/21 21:36 双子	11/22 09:52 蠍	2/21 16:12 魚	5/26 11:03 獅子	8/26 22:58 山羊	11/29 01:47 双子
5/22 04:43 水瓶	8/24 02:36 蟹	11/24 14:01 射手	2/24 04:50 牡羊	5/28 14:46 乙女	8/29 07:42 水瓶	12/01 11:17 蟹
5/24 17:26 魚	8/26 04:15 獅子	11/26 20:38 山羊	2/26 17:11 牡牛	5/30 17:18 天秤	8/31 18:19 魚	12/03 18:33 獅子
5/27 04:53 牡羊	8/28 03:44 乙女	11/29 06:19 水瓶	3/01 03:52 双子	6/01 19:22 蠍	9/03 06:21 牡羊	12/05 23:43 乙女
5/29 13:16 牡牛	8/30 03:10 天秤	12/01 18:23 魚	3/03 11:16 蟹	6/03 22:01 射手	9/05 19:09 牡牛	12/08 03:01 天秤
5/31 18:19 双子	9/01 04:38 蠍	12/04 06:49 牡羊	3/05 14:51 獅子	6/06 02:29 山羊	9/08 07:40 双子	12/10 05:04 蠍
6/02 20:58 蟹	9/03 09:50 射手	12/06 17:16 牡牛	3/07 14:52 乙女	6/08 09:39 水瓶	9/10 16:37 蟹	12/12 06:39 射手
6/04 22:35 獅子	9/05 19:08 山羊	12/09 00:37 双子	3/09 13:46 天秤	6/10 19:57 魚	9/12 21:51 獅子	12/14 09:13 山羊
6/07 00:28 乙女	9/08 07:08 水瓶	12/11 05:05 蟹	3/11 13:40 蠍	6/13 08:14 牡羊	9/14 23:20 乙女	12/16 13:51 水瓶
6/09 03:33 天秤	9/10 19:56 魚	12/13 07:47 獅子	3/13 16:33 射手	6/15 20:19 牡牛	9/16 22:14 天秤	12/18 21:59 魚
6/11 08:27 蠍	9/13 08:02 牡羊	12/15 09:56 乙女	3/15 23:28 山羊	6/18 06:12 双子	9/18 22:14 蠍	12/21 09:19 牡羊
6/13 15:29 射手	9/15 18:47 牡牛	12/17 12:33 天秤	3/18 09:52 水瓶	6/20 13:05 蟹	9/21 00:50 射手	12/23 22:05 牡牛
6/16 00:50 山羊	9/18 03:40 双子	12/19 16:20 蠍	3/20 22:11 魚	6/22 17:26 獅子	9/23 04:54 山羊	12/26 09:46 双子
6/18 12:19 水瓶	9/20 09:59 蟹	12/21 21:42 射手	3/23 10:51 牡羊	6/24 20:18 乙女	9/25 13:19 水瓶	12/28 18:46 蟹
6/21 01:00 魚	9/22 13:19 獅子	12/24 05:04 山羊	3/25 22:59 牡牛	6/26 22:45 天秤	9/28 00:13 魚	12/31 00:59 獅子
6/23 13:03 牡羊	9/24 14:08 乙女	12/26 14:43 水瓶	3/28 09:48 双子	6/29 01:37 蠍	9/30 12:46 牡羊	
6/25 22:28 牡牛	9/26 13:55 天秤	12/29 02:28 魚	3/30 18:14 蟹	7/01 05:28 射手	10/03 01:21 牡牛	
6/28 04:14 双子	9/28 14:44 蠍	12/31 15:07 牡羊	4/01 23:21 獅子	7/03 10:49 山羊	10/05 13:27 双子	
6/30 06:42 蟹	9/30 18:33 射手	**1993年**	4/04 01:10 乙女	7/05 18:14 水瓶	10/07 23:53 蟹	
7/02 07:15 獅子	10/03 02:29 山羊	1/03 03:30 牡牛	4/06 00:54 天秤	7/08 04:09 魚	10/10 06:34 獅子	
7/04 07:37 乙女	10/05 13:53 水瓶	1/05 14:04 双子	4/08 00:32 蠍	7/10 16:11 牡羊	10/12 09:36 乙女	
7/06 09:27 天秤	10/08 02:38 魚	1/07 15:10 蟹	4/10 02:10 射手	7/13 04:37 牡牛	10/14 09:37 天秤	
7/08 13:53 蠍	10/10 14:36 牡羊	1/09 16:49 獅子	4/12 07:24 山羊	7/15 15:07 双子	10/16 09:01 蠍	
7/10 21:17 射手	10/13 00:48 牡牛	1/11 17:20 乙女	4/14 16:36 水瓶	7/17 22:08 蟹	10/18 09:23 射手	
7/13 07:16 山羊	10/15 09:08 双子	1/13 18:30 天秤	4/17 04:33 魚	7/20 01:47 獅子	10/20 12:42 山羊	

現在・未来の月の位置を調べる

2018年						
1/01 17:10 蟹	4/12 03:40 魚	7/22 19:12 射手	11/02 14:48 乙女	2/11 10:28 牡牛	5/24 02:49 水瓶	9/03 08:35 蠍
1/03 16:22 獅子	4/14 12:26 牡羊	7/25 06:49 山羊	11/04 18:01 天秤	2/13 18:32 双子	5/26 15:08 魚	9/05 12:08 射手
1/05 17:12 乙女	4/16 17:15 牡牛	7/27 19:41 水瓶	11/06 22:02 蠍	2/15 23:03 蟹	5/29 03:32 牡羊	9/07 19:37 山羊
1/07 21:14 天秤	4/18 21:02 双子	7/30 08:28 魚	11/09 03:59 射手	2/18 00:21 獅子	5/31 13:41 牡牛	9/10 06:24 水瓶
1/10 05:05 蠍	4/20 23:26 蟹	8/01 19:54 牡羊	11/11 12:55 山羊	2/19 23:47 乙女	6/02 21:11 双子	9/12 18:52 魚
1/12 16:04 射手	4/23 02:09 獅子	8/04 04:51 牡牛	11/14 00:45 水瓶	2/21 23:17 天秤	6/05 01:34 蟹	9/15 07:32 牡羊
1/15 04:42 山羊	4/25 05:40 乙女	8/06 10:32 双子	11/16 13:41 魚	2/24 00:56 蠍	6/07 02:58 獅子	9/17 19:31 牡牛
1/17 17:32 水瓶	4/27 10:22 天秤	8/08 13:01 蟹	11/19 01:15 牡羊	2/26 06:19 射手	6/09 02:44 乙女	9/20 05:58 双子
1/20 05:26 魚	4/29 16:11 蠍	8/10 13:18 獅子	11/21 08:43 牡牛	2/28 15:48 山羊	6/11 02:38 天秤	9/22 13:50 蟹
1/22 15:27 牡羊	5/02 00:19 射手	8/12 12:59 乙女	11/23 12:28 双子	3/03 04:06 水瓶	6/13 04:06 蠍	9/24 18:19 獅子
1/24 22:39 牡牛	5/04 11:06 山羊	8/14 13:57 天秤	11/25 15:38 蟹	3/05 17:11 魚	6/15 08:30 射手	9/26 19:53 乙女
1/27 02:40 双子	5/06 23:48 水瓶	8/16 17:54 蠍	11/27 17:35 獅子	3/08 05:27 牡羊	6/17 16:58 山羊	9/28 19:43 天秤
1/29 03:57 蟹	5/09 12:11 魚	8/19 01:45 射手	11/29 20:08 乙女	3/10 16:10 牡牛	6/20 04:30 水瓶	9/30 18:42 蠍
1/31 03:53 獅子	5/11 22:28 牡羊	8/21 13:00 山羊	12/02 00:03 天秤	3/12 23:59 双子	6/22 17:22 魚	10/02 20:44 射手
2/02 04:13 乙女	5/14 05:14 牡牛	8/24 01:56 水瓶	12/04 05:41 蠍	3/15 04:34 蟹	6/25 05:44 牡羊	10/05 02:43 山羊
2/04 06:47 天秤	5/16 08:43 双子	8/26 14:32 魚	12/06 13:19 射手	3/17 06:11 獅子	6/27 16:29 牡牛	10/07 12:30 水瓶
2/06 12:56 蠍	5/18 09:47 蟹	8/29 01:35 牡羊	12/08 23:11 山羊	3/19 06:13 乙女	6/30 00:52 双子	10/10 01:05 魚
2/08 22:53 射手	5/20 09:51 獅子	8/31 10:30 牡牛	12/11 11:04 水瓶	3/21 06:10 天秤	7/02 06:29 蟹	10/12 13:46 牡羊
2/11 11:21 山羊	5/22 11:03 乙女	9/02 16:55 双子	12/14 00:06 魚	3/23 07:30 蠍	7/04 09:24 獅子	10/15 01:22 牡牛
2/14 00:11 水瓶	5/24 14:52 天秤	9/04 21:04 蟹	12/16 11:55 牡羊	3/25 11:42 射手	7/06 10:21 乙女	10/17 11:30 双子
2/16 11:42 魚	5/26 22:09 蠍	9/06 22:54 獅子	12/18 20:31 牡牛	3/27 19:23 山羊	7/08 10:44 天秤	10/19 19:43 蟹
2/18 21:05 牡羊	5/29 07:29 射手	9/08 23:29 乙女	12/21 01:15 双子	3/30 06:06 水瓶	7/10 12:42 蠍	10/22 01:29 獅子
2/21 04:10 牡牛	5/31 18:26 山羊	9/11 00:16 天秤	12/23 02:54 蟹	4/01 18:30 魚	7/12 16:47 射手	10/24 05:04 乙女
2/23 09:07 双子	6/03 07:06 水瓶	9/13 03:15 蠍	12/25 02:52 獅子	4/04 07:00 牡羊	7/15 00:17 山羊	10/26 07:08 天秤
2/25 12:06 蟹	6/05 19:53 魚	9/15 09:45 射手	12/27 02:53 乙女	4/06 19:22 牡牛	7/17 11:19 水瓶	10/28 08:27 蠍
2/27 13:42 獅子	6/08 06:08 牡羊	9/17 20:07 山羊	12/29 04:54 天秤	4/09 05:13 双子	7/20 00:00 魚	10/30 10:04 射手
3/01 14:57 乙女	6/10 13:04 牡牛	9/20 08:52 水瓶	12/31 10:23 蠍	4/11 12:12 蟹	7/22 12:23 牡羊	11/01 11:38 山羊
3/03 17:20 天秤	6/12 16:35 双子	9/22 21:27 魚	**2019年**	4/13 16:50 獅子	7/24 23:16 牡牛	11/03 20:19 水瓶
3/05 22:23 蠍	6/14 17:40 蟹	9/25 08:04 牡羊	1/02 17:58 射手	4/15 19:14 乙女	7/27 07:43 双子	11/06 07:50 魚
3/08 07:03 射手	6/16 17:51 獅子	9/27 16:16 牡牛	1/05 04:48 山羊	4/17 21:05 天秤	7/29 13:15 蟹	11/08 20:49 牡羊
3/10 18:52 山羊	6/18 19:00 乙女	9/29 22:26 双子	1/07 15:46 水瓶	4/19 23:36 蠍	7/31 16:01 獅子	11/11 08:18 牡牛
3/13 07:44 水瓶	6/20 21:29 天秤	10/02 03:00 蟹	1/10 04:44 魚	4/22 03:43 射手	8/02 16:54 乙女	11/13 17:46 双子
3/15 19:12 魚	6/23 04:11 蠍	10/04 06:12 獅子	1/12 17:18 牡羊	4/24 10:44 山羊	8/04 17:27 天秤	11/16 00:57 蟹
3/18 03:57 牡羊	6/25 13:29 射手	10/06 08:19 乙女	1/15 03:31 牡牛	4/26 20:50 水瓶	8/06 19:15 蠍	11/18 06:57 獅子
3/20 10:07 牡牛	6/28 00:58 山羊	10/08 10:14 天秤	1/17 10:00 双子	4/29 08:57 魚	8/08 23:25 射手	11/20 11:04 乙女
3/22 14:30 双子	6/30 13:50 水瓶	10/10 13:09 蠍	1/19 12:44 蟹	5/01 21:48 牡羊	8/11 07:00 山羊	11/22 13:50 天秤
3/24 17:53 蟹	7/03 02:31 魚	10/12 18:53 射手	1/21 12:54 獅子	5/04 08:28 牡牛	8/13 17:36 水瓶	11/24 16:31 蠍
3/26 20:45 獅子	7/05 13:50 牡羊	10/15 04:17 山羊	1/23 12:22 乙女	5/06 15:38 双子	8/16 06:06 魚	11/26 17:11 射手
3/28 23:37 乙女	7/07 22:29 牡牛	10/17 16:23 水瓶	1/25 12:58 天秤	5/08 19:05 蟹	8/18 18:45 牡羊	11/29 01:33 山羊
3/31 02:52 天秤	7/10 03:42 双子	10/20 05:20 魚	1/27 16:31 蠍	5/10 19:47 獅子	8/21 05:40 牡牛	12/01 05:13 水瓶
4/02 07:57 蠍	7/12 05:36 蟹	10/22 17:15 牡羊	1/29 23:33 射手	5/12 19:33 乙女	8/23 13:54 双子	12/03 16:58 魚
4/04 15:00 射手	7/14 05:25 獅子	10/24 23:33 牡牛	2/01 09:47 山羊	5/14 20:17 天秤	8/25 19:39 蟹	12/06 04:44 牡羊
4/07 03:01 山羊	7/16 04:50 乙女	10/27 04:51 双子	2/03 22:05 水瓶	5/16 23:39 蠍	8/27 23:03 獅子	12/08 16:26 牡牛
4/09 15:50 水瓶	7/18 04:42 天秤	10/29 08:27 蟹	2/06 11:02 魚	5/19 06:05 射手	8/30 01:18 乙女	12/11 01:47 双子
	7/20 10:13 蠍	10/31 11:42 獅子	2/08 23:34 牡羊	5/21 16:56 山羊	9/01 03:01 天秤	12/13 08:23 蟹

12/15 12:56 獅子	7/14 02:34 牡牛	2/10 10:20 水瓶	9/12 17:34 射手	4/12 23:07 乙女	11/12 09:22 蟹	6/11 22:20 牡羊
12/17 16:16 乙女	7/16 14:19 双子	2/12 16:23 魚	9/14 18:59 山羊	4/15 05:46 天秤	11/14 21:48 獅子	6/14 03:31 牡牛
12/19 19:04 天秤	7/18 23:24 蟹	2/15 00:54 牡羊	9/17 00:23 水瓶	4/17 09:23 蠍	11/17 10:04 乙女	6/16 10:46 双子
12/21 21:57 蠍	7/21 12:12 獅子	2/17 12:12 牡牛	9/19 05:22 魚	4/19 11:16 射手	11/19 19:58 天秤	6/18 19:58 蟹
12/24 01:34 射手	7/23 08:40 乙女	2/20 01:04 双子	9/21 12:13 牡羊	4/21 12:52 山羊	11/22 02:16 蠍	6/21 07:04 獅子
12/26 06:45 山羊	7/25 10:54 天秤	2/22 12:53 蟹	9/23 21:38 牡牛	4/23 15:17 水瓶	11/24 05:38 射手	6/23 17:35 乙女
12/28 14:21 水瓶	7/27 13:12 蠍	2/24 21:23 獅子	9/26 09:36 双子	4/25 19:15 魚	11/26 06:18 山羊	6/26 07:57 天秤
12/31 00:41 魚	7/29 16:29 射手	2/27 02:34 乙女	9/28 22:27 蟹	4/28 01:19 牡羊	11/28 07:07 水瓶	6/28 17:55 蠍
2020年	7/31 20:58 山羊	3/01 04:17 天秤	10/01 09:53 獅子	4/30 09:19 牡牛	11/30 09:15 魚	6/30 23:59 射手
1/02 13:00 牡牛	8/03 03:11 水瓶	3/03 05:38 蠍	10/03 18:12 乙女	5/02 19:46 双子	12/02 13:41 牡羊	7/03 02:20 山羊
1/05 01:15 牡羊	8/05 11:28 魚	3/05 07:43 射手	10/05 21:48 天秤	5/05 08:05 蟹	12/04 20:38 牡牛	7/05 02:30 水瓶
1/07 11:11 双子	8/07 22:05 牡羊	3/07 11:20 山羊	10/07 23:22 蠍	5/07 20:50 獅子	12/07 05:49 双子	7/07 02:32 魚
1/09 17:43 蟹	8/10 10:28 牡牛	3/09 16:41 水瓶	10/10 00:24 射手	5/10 07:53 乙女	12/09 16:49 蟹	7/09 04:19 牡羊
1/11 21:16 獅子	8/12 22:46 双子	3/11 23:44 魚	10/12 02:11 山羊	5/12 15:54 天秤	12/12 05:09 獅子	7/11 08:55 牡牛
1/13 23:06 乙女	8/15 08:35 蟹	3/14 08:46 牡羊	10/14 05:47 水瓶	5/14 19:34 蠍	12/14 17:45 乙女	7/13 16:26 双子
1/16 00:43 天秤	8/17 14:38 獅子	3/16 19:56 牡牛	10/16 11:22 魚	5/16 20:50 射手	12/17 04:49 天秤	7/16 02:13 蟹
1/18 03:20 蠍	8/19 16:29 乙女	3/19 08:47 双子	10/18 19:14 牡羊	5/18 21:02 山羊	12/19 12:31 蠍	7/18 13:39 獅子
1/20 07:41 射手	8/21 18:16 天秤	3/21 21:18 蟹	10/21 04:59 牡牛	5/20 21:53 水瓶	12/21 16:13 射手	7/21 01:55 乙女
1/22 14:00 山羊	8/23 19:16 蠍	3/24 06:56 獅子	10/23 16:57 双子	5/23 00:49 魚	12/23 16:49 山羊	7/23 13:57 天秤
1/24 22:20 水瓶	8/25 21:49 射手	3/26 12:25 乙女	10/26 05:47 蟹	5/25 06:39 牡羊	12/25 16:14 水瓶	7/26 01:55 蠍
1/27 08:44 魚	8/28 02:37 山羊	3/28 14:22 天秤	10/28 18:07 獅子	5/27 15:22 牡牛	12/27 16:34 魚	7/28 12:34 射手
1/29 20:51 牡羊	8/30 09:37 水瓶	3/30 14:33 蠍	10/31 03:41 乙女	5/30 02:33 双子	12/29 19:51 牡羊	7/30 20:58 山羊
2/01 09:18 牡牛	9/01 18:34 魚	4/01 14:59 射手	11/02 08:11 天秤	6/01 14:49 蟹	**2023年**	8/01 12:58 水瓶
2/03 20:29 双子	9/04 05:43 牡羊	4/03 17:13 山羊	11/04 09:52 蠍	6/04 03:38 獅子	1/01 02:08 牡牛	8/03 12:05 魚
2/06 04:03 蟹	9/06 17:43 牡牛	4/05 22:04 水瓶	11/06 09:52 射手	6/06 15:22 乙女	1/03 11:44 双子	8/05 12:19 牡羊
2/08 07:45 獅子	9/09 05:30 双子	4/08 05:30 魚	11/08 09:48 山羊	6/08 23:59 天秤	1/05 23:15 蟹	8/07 15:24 牡牛
2/10 08:39 乙女	9/11 17:23 蟹	4/10 15:11 牡羊	11/10 12:03 水瓶	6/11 05:41 蠍	1/08 11:40 獅子	8/09 22:05 双子
2/12 08:37 天秤	9/14 00:32 獅子	4/13 02:44 牡牛	11/12 16:54 魚	6/13 07:31 射手	1/11 00:15 乙女	8/12 07:52 蟹
2/14 09:37 蠍	9/16 03:37 乙女	4/15 15:35 双子	11/15 00:48 牡羊	6/15 07:14 山羊	1/13 11:56 天秤	8/14 19:36 獅子
2/16 13:07 射手	9/18 03:56 天秤	4/18 04:25 蟹	11/17 11:18 牡牛	6/17 06:44 水瓶	1/15 21:08 蠍	8/17 08:14 乙女
2/18 19:37 山羊	9/20 03:33 蠍	4/20 15:22 獅子	11/19 23:33 双子	6/19 08:01 魚	1/18 02:33 射手	8/19 20:53 天秤
2/21 04:42 水瓶	9/22 04:32 射手	4/22 22:08 乙女	11/22 12:17 蟹	6/21 12:37 牡羊	1/20 04:11 山羊	8/22 08:22 蠍
2/23 15:37 魚	9/24 08:16 山羊	4/25 01:06 天秤	11/24 23:53 獅子	6/23 20:58 牡牛	1/22 03:29 水瓶	8/24 17:07 射手
2/26 03:47 牡羊	9/26 15:08 水瓶	4/27 01:18 蠍	11/27 11:12 乙女	6/26 08:13 双子	1/24 02:36 魚	8/26 22:05 山羊
2/28 16:30 牡牛	9/29 00:40 魚	4/29 00:42 射手	11/29 17:55 天秤	6/28 20:53 蟹	1/26 03:48 牡羊	8/28 23:32 水瓶
3/02 04:21 双子	10/01 11:47 牡羊	5/01 01:16 山羊	12/01 20:55 蠍	7/01 09:40 獅子	1/28 08:42 牡牛	8/30 22:56 魚
3/04 13:25 蟹	10/04 00:12 牡牛	5/03 04:31 水瓶	12/03 21:13 射手	7/03 21:31 乙女	1/30 17:35 双子	9/01 22:25 牡羊
3/06 18:28 獅子	10/06 13:03 双子	5/05 11:08 魚	12/05 21:08 山羊	7/06 07:25 天秤	2/02 05:11 蟹	9/04 00:00 牡牛
3/08 19:47 乙女	10/09 00:50 蟹	5/07 20:52 牡羊	12/07 22:12 水瓶	7/08 14:15 蠍	2/04 17:48 獅子	9/06 05:07 双子
3/10 19:03 天秤	10/11 09:24 獅子	5/10 08:46 牡牛	12/09 23:53 魚	7/10 17:34 射手	2/07 06:14 乙女	9/08 14:00 蟹
3/12 18:28 蠍	10/13 13:56 乙女	5/12 21:43 双子	12/12 06:46 牡羊	7/12 18:01 山羊	2/09 17:42 天秤	9/11 01:36 獅子
3/14 20:09 射手	10/15 14:54 天秤	5/15 10:30 蟹	12/14 17:11 牡牛	7/14 17:13 水瓶	2/12 03:33 蠍	9/13 14:22 乙女
3/17 01:25 山羊	10/17 14:05 蠍	5/17 21:44 獅子	12/17 05:59 双子	7/16 17:18 魚	2/14 10:31 射手	9/16 02:48 天秤
3/19 10:16 水瓶	10/19 13:43 射手	5/20 05:59 乙女	12/19 18:42 蟹	7/18 20:17 牡羊	2/16 14:00 山羊	9/18 13:08 蠍
3/21 21:33 魚	10/21 15:14 山羊	5/22 10:36 天秤	12/22 06:54 獅子	7/21 03:23 牡牛	2/18 14:35 水瓶	9/20 23:06 射手
3/24 09:58 牡羊	10/23 21:17 水瓶	5/24 11:49 蠍	12/24 17:24 乙女	7/23 14:11 双子	2/20 13:56 魚	9/23 05:20 山羊
3/26 22:37 牡牛	10/26 06:19 魚	5/26 11:09 射手	12/27 01:24 天秤	7/26 02:54 蟹	2/22 14:14 牡羊	9/25 08:29 水瓶
3/29 10:38 双子	10/28 18:05 牡羊	5/28 10:44 山羊	12/29 06:42 蠍	7/28 15:35 獅子	2/24 17:29 牡牛	9/27 09:17 魚
3/31 20:43 蟹	10/31 06:19 牡牛	5/30 13:04 水瓶	12/31 08:08 射手	7/31 03:11 乙女	2/27 00:48 双子	9/29 09:17 牡羊
4/03 03:26 獅子	11/02 19:00 双子	6/01 18:07 魚	**2022年**	8/02 13:05 天秤	3/01 11:40 蟹	10/01 10:18 牡牛
4/05 06:12 乙女	11/05 06:45 蟹	**2022年**	1/01 18:07 山羊	8/04 20:47 蠍	3/04 00:16 獅子	10/03 14:03 双子
4/07 06:17 天秤	11/07 16:18 獅子	6/04 02:59 牡羊	1/03 19:10 水瓶	8/07 01:39 射手	3/06 13:12 乙女	10/05 21:32 蟹
4/09 05:17 蠍	11/09 22:30 乙女	6/06 14:46 牡牛	1/06 00:46 魚	8/09 03:31 山羊	3/08 23:44 天秤	10/08 08:24 獅子
4/11 05:35 射手	11/12 01:09 天秤	6/09 03:40 双子	1/08 14:26 牡羊	8/11 03:45 水瓶	3/11 09:06 蠍	10/10 21:12 乙女
4/13 09:05 山羊	11/14 01:19 蠍	6/11 16:22 蟹	1/10 23:47 牡牛	8/13 03:45 魚	3/13 16:21 射手	10/13 09:22 天秤
4/15 16:37 水瓶	11/16 00:47 射手	6/14 03:02 獅子	1/13 12:08 双子	8/15 05:43 牡羊	3/15 21:06 山羊	10/15 19:44 蠍
4/18 03:09 魚	11/18 01:35 山羊	6/16 10:43 乙女	1/16 01:11 蟹	8/17 11:22 牡牛	3/17 23:27 水瓶	10/18 04:36 射手
4/20 16:00 牡羊	11/20 05:25 水瓶	6/18 15:03 天秤	1/18 12:49 獅子	8/19 21:06 双子	3/20 00:12 魚	10/20 10:55 山羊
4/23 04:36 牡牛	11/22 13:06 魚	6/20 17:09 蠍	1/20 23:02 乙女	8/22 09:29 蟹	3/22 01:01 牡羊	10/22 15:06 水瓶
4/25 16:03 双子	11/25 00:22 牡羊	6/22 18:05 射手	1/23 07:03 天秤	8/24 22:09 獅子	3/24 03:42 牡牛	10/24 17:33 魚
4/28 02:28 蟹	11/27 12:43 牡牛	6/24 19:22 山羊	1/25 12:57 蠍	8/27 09:25 乙女	3/26 09:41 双子	10/26 19:02 牡羊
4/30 10:06 獅子	11/30 01:16 双子	6/26 22:05 水瓶	1/27 16:34 射手	8/29 18:45 天秤	3/28 19:22 蟹	10/28 20:44 牡牛
5/02 14:35 乙女	12/02 12:33 蟹	6/29 02:51 魚	1/29 18:37 山羊	9/01 00:56 蠍	3/31 07:27 獅子	10/31 00:08 双子
5/04 16:09 天秤	12/04 21:28 獅子	7/01 10:18 牡羊	1/31 19:39 水瓶	9/03 03:59 射手	4/02 19:51 乙女	11/02 06:31 蟹
5/06 16:05 蠍	12/07 04:46 乙女	7/03 20:28 牡牛	2/02 21:28 魚	9/05 05:03 山羊	4/05 06:51 天秤	11/04 16:21 獅子
5/08 16:15 射手	12/09 09:01 天秤	7/06 08:44 双子	2/05 01:45 牡羊	9/07 06:11 水瓶	4/07 15:29 蠍	11/07 04:31 乙女
5/10 18:39 山羊	12/11 10:59 蠍	7/08 21:25 蟹	2/07 09:52 牡牛	9/09 08:14 魚	4/09 21:57 射手	11/09 17:08 天秤
5/13 00:39 水瓶	12/13 11:39 射手	7/11 09:21 獅子	2/09 20:57 双子	9/11 12:32 牡羊	4/12 02:33 山羊	11/12 03:39 蠍
5/15 10:24 魚	12/15 12:35 山羊	7/13 17:30 乙女	2/12 09:41 蟹	9/13 20:39 牡牛	4/14 05:42 水瓶	11/14 11:23 射手
5/17 22:36 牡羊	12/17 15:27 水瓶	7/15 23:32 天秤	2/14 20:17 獅子	9/16 16:59 双子	4/16 07:57 魚	11/16 16:41 山羊
5/20 11:10 牡牛	12/19 21:39 魚	7/18 02:07 蠍	2/17 05:42 乙女	9/18 16:26 蟹	4/18 10:09 牡羊	11/18 20:17 水瓶
5/22 22:36 双子	12/22 07:32 牡羊	7/20 02:52 射手	2/19 12:51 天秤	9/21 05:38 獅子	4/20 13:30 牡牛	11/20 23:29 魚
5/25 08:09 蟹	12/24 19:55 牡牛	7/22 03:09 山羊	2/21 18:19 蠍	9/23 16:53 乙女	4/22 19:11 双子	11/23 02:19 牡羊
5/27 15:33 獅子	12/27 08:33 双子	7/24 04:40 水瓶	2/23 21:43 射手	9/26 05:03 天秤	4/25 03:44 蟹	11/25 05:38 牡牛
5/29 20:40 乙女	12/29 19:28 蟹	7/26 08:45 魚	2/26 01:27 山羊	9/28 15:16 蠍	4/27 15:30 獅子	11/27 09:40 双子
5/31 23:38 天秤	**2021年**	7/28 16:23 牡羊	2/28 03:36 水瓶	9/30 21:03 射手	4/30 03:59 乙女	11/29 15:54 蟹
6/03 01:06 蠍	1/01 03:36 獅子	7/31 03:16 牡牛	3/02 05:53 魚	10/02 16:38 山羊	5/02 15:09 天秤	12/02 01:00 獅子
6/05 02:17 射手	1/03 10:13 乙女	8/02 15:57 双子	3/04 09:52 牡羊	10/04 19:20 水瓶	5/04 23:32 蠍	12/04 12:15 乙女
6/07 04:44 山羊	1/05 14:42 天秤	8/05 04:34 蟹	3/06 17:00 牡牛	10/06 21:47 魚	5/07 05:04 射手	12/07 01:35 天秤
6/09 09:54 水瓶	1/07 17:53 蠍	8/07 16:31 獅子	3/09 03:40 双子	10/09 00:48 牡羊	5/09 08:33 山羊	12/09 12:48 蠍
6/11 18:32 魚	1/09 20:31 射手	8/10 02:09 乙女	3/11 16:24 蟹	10/11 06:04 牡牛	5/11 11:05 水瓶	12/11 20:11 射手
6/14 06:03 牡羊	1/11 22:30 山羊	8/12 08:43 天秤	3/14 04:32 獅子	10/13 14:08 双子	5/13 13:39 魚	12/14 00:16 山羊
6/16 18:35 牡牛	1/14 01:44 水瓶	8/14 11:54 蠍	3/16 13:59 乙女	10/16 01:11 蟹	5/15 16:56 牡羊	12/16 02:56 水瓶
6/19 06:00 双子	1/16 07:17 魚	8/16 12:12 射手	3/18 20:26 天秤	10/18 13:38 獅子	5/17 21:28 牡牛	12/18 04:58 魚
6/21 15:10 蟹	1/18 15:49 牡羊	8/18 12:09 山羊	3/21 00:05 蠍	10/21 02:17 乙女	5/20 03:51 双子	12/20 07:48 牡羊
6/23 21:53 獅子	1/21 03:03 牡牛	8/20 12:47 水瓶	3/23 01:54 射手	10/23 13:39 天秤	5/22 12:44 蟹	12/22 11:50 牡牛
6/26 02:05 乙女	1/23 16:43 双子	8/22 16:03 魚	3/25 02:49 山羊	10/25 22:16 蠍	5/25 00:11 獅子	12/24 17:15 双子
6/28 05:16 天秤	1/26 04:45 蟹	8/24 23:18 牡羊	3/27 03:50 水瓶	10/28 03:51 射手	5/27 12:55 乙女	12/27 00:52 蟹
6/30 07:48 蠍	1/28 13:54 獅子	8/27 10:07 牡牛	3/29 06:39 魚	10/30 06:47 山羊	5/30 00:51 天秤	12/29 09:23 獅子
7/02 10:21 射手	1/30 19:50 乙女	8/29 22:42 双子	3/31 11:18 牡羊	11/01 08:34 水瓶	6/01 09:58 蠍	12/31 19:58 乙女
7/04 13:48 山羊	2/01 22:25 天秤	9/01 11:11 蟹	4/02 18:17 牡牛	11/03 09:46 魚	6/03 15:31 射手	**2024年**
7/06 19:01 水瓶	2/03 23:44 蠍	9/03 22:36 獅子	4/05 03:54 双子	11/05 11:27 牡羊	6/05 17:42 山羊	1/03 09:17 天秤
7/09 03:12 魚	2/06 02:16 射手	9/06 07:41 乙女	4/07 15:41 蟹	11/07 14:15 牡牛	6/07 18:16 水瓶	1/05 21:39 蠍
7/11 14:06 牡羊	2/08 05:52 山羊	9/08 14:05 天秤	4/10 04:13 獅子	11/09 22:37 双子	6/09 19:14 魚	1/08 06:08 射手

Moon sign table (月の星座)

Column 1

1/10 10:33 山羊
1/12 12:01 水瓶
1/14 12:29 魚
1/16 13:49 牡羊
1/18 17:12 牡牛
1/20 22:58 双子
1/23 06:51 蟹
1/25 16:37 獅子
1/28 04:11 乙女
1/30 17:04 天秤
2/02 05:37 蠍
2/04 15:28 射手
2/06 21:09 山羊
2/08 22:59 水瓶
2/10 22:40 魚
2/12 22:26 牡羊
2/15 00:02 牡牛
2/17 04:39 双子
2/19 12:25 蟹
2/21 22:40 獅子
2/24 10:37 乙女
2/26 23:19 天秤
2/29 12:09 蠍
3/02 22:56 射手
3/05 06:15 山羊
3/07 09:38 水瓶
3/09 10:33 魚
3/11 09:19 牡羊
3/13 09:28 牡牛
3/15 12:19 双子
3/17 18:40 蟹
3/20 04:33 獅子
3/22 16:42 乙女
3/25 05:37 天秤
3/27 18:03 蠍
3/30 04:52 射手
4/01 13:05 山羊
4/03 18:08 水瓶
4/05 20:13 魚
4/07 20:25 牡羊
4/09 20:23 牡牛
4/12 21:50 双子
4/14 02:45 蟹
4/16 11:24 獅子
4/18 23:10 乙女
4/21 11:42 天秤
4/24 00:20 蠍
4/26 12:14 射手
4/28 18:37 山羊
4/30 18:13 水瓶
5/01 00:20 水瓶
5/03 03:52 魚
5/05 05:41 牡羊
5/07 06:42 牡牛
5/09 08:02 双子
5/11 12:13 蟹
5/13 19:36 獅子
5/16 06:15 乙女
5/18 19:23 天秤
5/21 07:34 蠍
5/23 17:24 射手
5/26 00:36 山羊
5/28 05:45 水瓶
5/30 09:03 魚
6/01 12:28 牡羊

2025年

6/03 14:55 牡牛
6/05 18:10 双子
6/07 21:41 蟹
6/10 04:29 獅子
6/12 14:39 乙女
6/15 03:12 天秤
6/17 15:38 蠍
6/20 01:32 射手
6/22 08:08 山羊
6/24 12:14 水瓶
6/26 15:08 魚
6/28 17:52 牡羊
6/30 21:05 牡牛
7/03 00:50 双子
7/05 05:51 蟹
7/07 12:56 獅子
7/09 22:47 乙女
7/12 11:16 天秤
7/14 23:53 蠍
7/17 10:14 射手
7/19 17:14 山羊
7/21 21:10 水瓶
7/23 22:43 魚
7/26 00:09 牡羊
7/28 02:22 牡牛
7/30 06:20 双子
8/01 12:19 蟹
8/03 20:09 獅子
8/06 06:17 乙女
8/08 18:31 天秤

Column 2

8/11 07:34 蠍
8/13 19:01 射手
8/16 02:51 山羊
8/18 06:45 水瓶
8/20 07:38 魚
8/22 08:02 牡羊
8/24 09:00 牡牛
8/26 12:04 双子
8/28 17:47 蟹
8/31 02:09 獅子
9/02 12:48 乙女
9/05 01:12 天秤
9/07 14:18 蠍
9/10 02:26 射手
9/12 11:38 山羊
9/14 16:53 水瓶
9/16 18:39 魚
9/18 18:24 牡羊
9/20 18:02 牡牛
9/22 19:24 双子
9/24 23:50 蟹
9/27 07:47 獅子
9/29 18:42 乙女
10/02 07:20 天秤
10/04 20:22 蠍
10/07 08:34 射手
10/09 18:38 山羊
10/12 01:31 水瓶
10/14 04:55 魚
10/16 05:34 牡羊
10/18 05:00 牡牛
10/20 05:07 双子
10/22 07:50 蟹
10/24 14:24 獅子
10/27 00:47 乙女
10/29 13:30 天秤
11/01 02:29 蠍
11/03 14:19 射手
11/06 00:17 山羊
11/08 07:58 水瓶
11/10 13:00 魚
11/12 15:59 牡羊
11/14 17:50 牡牛
11/16 19:38 双子
11/18 22:51 蟹
11/20 22:51 獅子
11/23 08:01 乙女
11/25 19:57 天秤
11/28 08:48 蠍
11/30 20:53 射手
12/03 06:09 山羊
12/05 13:21 水瓶
12/07 18:49 魚
12/09 22:38 牡羊
12/12 00:55 牡牛
12/14 02:22 双子
12/16 04:37 蟹
12/18 08:39 獅子
12/20 17:04 乙女
12/23 04:29 天秤
12/25 17:06 蠍
12/28 05:50 射手
12/30 13:37 山羊

Column 3

3/10 07:59 獅子
3/12 16:56 乙女
3/15 03:59 天秤
3/17 16:30 蠍
3/20 04:54 射手
3/22 16:29 山羊
3/25 00:28 水瓶
3/27 04:32 魚
3/29 05:36 牡羊
3/31 05:16 牡牛
4/02 05:26 双子
4/04 07:50 蟹
4/06 13:34 獅子
4/08 22:40 乙女
4/11 10:12 天秤
4/13 23:00 蠍
4/16 11:37 射手
4/18 23:12 山羊
4/21 08:22 水瓶
4/23 14:07 魚
4/25 16:24 牡羊
4/27 16:37 牡牛
4/29 15:34 双子
5/01 16:23 蟹
5/03 20:29 獅子
5/06 04:40 乙女
5/08 16:13 天秤
5/11 04:58 蠍
5/13 17:35 射手
5/16 04:52 山羊
5/18 14:29 水瓶
5/20 21:28 魚
5/23 01:26 牡羊
5/25 02:38 牡牛
5/27 02:21 双子
5/29 02:33 蟹
5/31 05:11 獅子
6/02 12:03 乙女
6/04 22:38 天秤
6/07 11:23 蠍
6/09 23:56 射手
6/12 10:51 山羊
6/14 20:00 水瓶
6/17 03:09 魚
6/19 08:08 牡羊
6/21 10:53 牡牛
6/23 11:57 双子
6/25 12:53 蟹
6/27 15:22 獅子
6/29 20:43 乙女
7/02 06:16 天秤
7/04 18:33 蠍
7/07 07:06 射手
7/09 17:55 山羊
7/12 02:21 水瓶
7/14 08:45 魚
7/16 13:32 牡羊
7/18 16:52 牡牛
7/20 19:08 双子
7/22 21:26 蟹
7/25 00:28 獅子
7/27 05:41 乙女
7/29 14:43 天秤
8/01 02:25 蠍
8/03 15:00 射手
8/06 02:19 山羊
8/08 10:18 水瓶
8/10 15:50 魚
8/12 19:28 牡羊
8/14 22:13 牡牛
8/17 01:01 双子
8/19 04:05 蟹
8/21 08:09 獅子
8/23 14:09 乙女
8/25 23:08 天秤
8/28 10:57 蠍
8/30 23:34 射手
9/02 10:45 山羊
9/04 19:32 水瓶
9/07 01:41 魚
9/09 05:38 牡羊
9/11 08:15 牡牛
9/13 06:38 双子
9/15 13:14 蟹
9/17 14:20 獅子
9/22 06:41 天秤
9/27 06:37 射手

Column 4

10/10 14:12 双子
10/12 16:56 蟹
10/14 19:47 獅子
10/17 00:06 乙女
10/19 13:07 天秤
10/22 00:42 蠍
10/24 13:19 射手
10/27 01:53 山羊
10/29 12:55 水瓶
10/31 20:46 魚
11/03 00:39 牡羊
11/05 01:16 牡牛
11/07 00:20 双子
11/09 00:06 蟹
11/11 02:34 獅子
11/13 08:52 乙女
11/15 18:44 天秤
11/18 06:44 蠍
11/20 19:26 射手
11/23 07:51 山羊
11/25 19:16 水瓶
11/28 04:24 魚
11/30 10:07 牡羊
12/02 12:13 牡牛
12/04 11:48 双子
12/06 10:54 蟹
12/08 11:43 獅子
12/10 16:10 乙女
12/13 00:14 天秤
12/15 12:51 蠍
12/18 01:38 射手
12/20 13:52 山羊
12/23 00:52 水瓶
12/25 10:09 魚
12/27 17:02 牡羊
12/29 20:57 牡牛
1/02 22:13 双子

2026年

1/02 22:43 蟹
1/04 22:43 獅子
1/07 01:57 乙女
1/09 09:06 天秤
1/11 19:55 蠍
1/14 08:24 射手
1/16 20:47 山羊
1/19 07:18 水瓶
1/21 15:50 魚
1/23 21:57 牡羊
1/26 02:17 牡牛
1/28 05:05 双子
1/30 07:32 蟹
2/01 10:07 獅子
2/03 14:00 乙女
2/05 18:32 天秤
2/08 04:13 蠍
2/10 16:22 射手
2/13 04:44 山羊
2/15 15:17 水瓶
2/17 23:09 魚
2/20 04:08 牡羊
2/22 06:50 牡牛
2/24 08:22 双子
2/26 14:11 蟹
2/28 17:17 獅子
3/02 21:34 乙女
3/05 05:11 天秤
3/07 13:01 蠍
3/10 00:58 射手
3/12 13:07 山羊
3/15 00:46 水瓶
3/17 09:18 魚
3/19 13:03 牡羊
3/21 15:29 牡牛
3/23 17:09 双子
3/25 19:33 蟹
3/27 23:16 獅子
3/30 05:05 乙女
4/01 11:51 天秤
4/03 21:11 蠍
4/06 08:31 射手
4/08 21:00 山羊
4/11 09:02 水瓶
4/13 17:55 魚
4/15 22:58 牡羊
4/18 00:58 牡牛
4/20 01:07 双子
4/22 01:02 蟹
4/24 02:36 獅子
4/26 07:11 乙女
4/28 15:28 天秤
5/01 02:46 蠍
5/03 15:33 射手
5/06 04:06 山羊

Column 5

5/11 02:39 魚
5/13 09:04 牡羊
5/15 11:31 牡牛
5/17 11:23 双子
5/19 10:46 蟹
5/21 11:48 獅子
5/23 16:13 乙女
5/25 23:34 天秤
5/28 10:15 蠍
5/30 22:45 射手
6/02 10:19 山羊
6/04 22:46 水瓶
6/07 09:43 魚
6/09 17:33 牡羊
6/11 21:28 牡牛
6/13 22:06 双子
6/15 21:38 蟹
6/17 21:05 獅子
6/19 23:37 乙女
6/22 05:46 天秤
6/24 15:43 蠍
6/27 04:10 射手
6/29 16:18 山羊
7/02 04:33 水瓶
7/04 15:30 魚
7/07 00:07 牡羊
7/09 05:31 牡牛
7/11 07:42 双子
7/13 07:46 蟹
7/15 07:35 獅子
7/17 08:54 乙女
7/19 13:56 天秤
7/21 22:34 蠍
7/24 10:07 射手
7/26 22:44 山羊
7/29 10:46 水瓶
7/31 21:14 魚
8/03 05:35 牡羊
8/05 11:35 牡牛
8/07 15:12 双子
8/09 16:46 蟹
8/11 17:38 獅子
8/13 19:18 乙女
8/15 23:03 天秤
8/18 06:46 蠍
8/20 17:46 射手
8/23 05:59 山羊
8/25 18:35 水瓶
8/28 06:04 魚
8/30 14:40 牡羊
9/01 20:04 牡牛
9/03 22:41 双子
9/05 23:35 蟹
9/07 23:59 獅子
9/10 01:29 乙女
9/12 05:31 天秤
9/14 15:44 蠍
9/17 00:46 射手
9/19 10:40 山羊
9/21 23:20 水瓶
9/24 11:30 魚
9/28 23:40 牡羊

Column 6

12/10 12:09 山羊
12/13 01:06 水瓶
12/15 13:36 魚
12/17 23:34 牡羊
12/20 05:50 牡牛
12/22 07:57 双子
12/24 06:58 蟹
12/26 06:12 獅子
12/28 07:13 乙女
12/30 11:27 天秤

2027年

1/01 20:19 蠍
1/04 05:57 射手
1/06 18:17 山羊
1/09 07:11 水瓶
1/11 19:36 魚
1/14 06:25 牡羊
1/16 14:13 牡牛
1/18 17:33 双子
1/20 18:21 蟹
1/22 17:45 獅子
1/24 17:45 乙女
1/26 20:12 天秤
1/29 02:21 蠍
1/31 12:14 射手
2/03 00:33 山羊
2/05 13:29 水瓶
2/08 01:32 魚
2/10 11:06 牡羊
2/12 19:44 牡牛
2/15 00:39 双子
2/17 03:38 蟹
2/19 04:31 獅子
2/21 04:59 乙女
2/23 06:44 天秤
2/25 11:24 蠍
2/27 19:52 射手
3/02 07:11 山羊
3/04 20:32 水瓶
3/07 08:25 魚
3/09 18:02 牡羊
3/12 01:16 牡牛
3/14 06:30 双子
3/16 10:12 蟹
3/18 12:41 獅子
3/20 14:37 乙女
3/22 17:02 天秤
3/24 21:18 蠍
3/27 04:43 射手
3/29 15:19 山羊
4/01 03:51 水瓶
4/03 16:25 魚
4/06 03:25 牡羊
4/08 11:31 牡牛
4/10 16:25 双子
4/12 19:15 蟹
4/14 21:28 獅子
4/17 00:15 乙女
4/19 04:21 天秤
4/21 10:19 蠍
4/23 18:33 射手
4/26 05:06 山羊
4/28 17:24 水瓶
5/01 06:14 魚
5/03 10:43 牡羊
5/05 16:53 牡牛
5/07 20:06 双子
5/09 21:57 蟹
5/12 00:10 獅子
5/14 03:55 乙女
5/16 09:35 天秤
5/18 17:33 蠍
5/21 03:56 射手
5/23 03:00 山羊

Column 7

7/09 19:23 天秤
7/12 00:55 蠍
7/14 09:33 射手
7/16 20:39 山羊
7/19 09:15 水瓶
7/21 21:44 魚
7/24 09:28 牡羊
7/26 19:28 牡牛
7/29 03:25 双子
7/31 03:25 蟹
8/02 03:25 獅子
8/04 02:57 乙女
8/06 03:55 天秤
8/08 07:53 蠍
8/10 15:36 射手
8/13 02:34 山羊
8/15 15:00 水瓶
8/18 04:13 魚
8/20 15:54 牡羊
8/23 01:33 牡牛
8/25 08:27 双子
8/27 12:16 蟹
8/29 13:43 獅子
8/31 13:43 乙女
9/02 14:07 天秤
9/04 16:44 蠍
9/06 22:29 射手
9/09 07:12 山羊
9/11 21:50 水瓶
9/14 10:39 魚
9/16 21:56 牡羊
9/19 07:05 牡牛
9/21 14:06 双子
9/23 18:40 蟹
9/25 23:28 獅子
9/27 23:28 乙女
9/30 01:45 天秤
10/02 02:45 蠍
10/04 07:56 射手
10/06 16:59 山羊
10/09 05:10 水瓶
10/11 17:46 魚
10/14 05:10 牡羊
10/16 14:02 牡牛
10/18 19:46 双子
10/21 00:25 蟹
10/23 04:03 獅子
10/25 06:54 乙女
10/27 09:38 天秤
10/29 12:23 蠍
10/31 17:24 射手
11/03 01:41 山羊
11/05 13:13 水瓶
11/08 02:05 魚
11/10 13:38 牡羊
11/12 21:58 牡牛
11/15 03:14 双子
11/17 06:39 蟹
11/19 09:14 獅子
11/21 15:52 乙女
11/23 15:52 天秤
11/25 21:... 蠍
11/28 02:01 射手
11/30 10:13 山羊
12/02 21:26 水瓶
12/05 09:58 魚
12/07 22:30 牡羊
12/10 08:43 牡牛
12/12 15:55 双子
12/14 19:42 蟹
12/16 20:55 獅子
12/18 20:17 乙女
12/20 21:13 天秤
12/23 02:00 蠍
12/25 09:35 射手
12/27 17:51 山羊
12/30 06:07 水瓶
1/01 17:53 魚

キャメレオン竹田　きゃめれおん・たけだ

作家。占星術研究家。波動セラピスト。イラストレーター。旅人。株式会社トウメイ人間製作所 代表取締役。

「自分の波動を整えて、開運していくコツ」を日々、研究し、国内外のパワースポット、聖地をめぐりながらワクワク開運、次元上昇をライフワークとしている。

ジュエリーブランド「HOSHiGAMI」を立ち上げるほか、会員制オンラインサロン（キャメサロン）を主宰、テレビ朝日、フジテレビ、abemaTV、J-WAVEなど、テレビ・ラジオ出演、書籍の執筆、雑誌の連載、アプリ監修など幅広く活躍。

ANA公式サイトで『キャメレオン竹田のANA旅占い』も連載中。

著書は『神さまとの直通電話: 運がよくなる《波動》の法則』（三笠書房）、『占星術が教えてくれる 相性のひみつ』（日本実業出版社）など多数。

オフィシャルサイト：http://www.chamereontakeda.com/

公式LINE@のフォロワーは50,000人を超える。
毎日波動が上がるメッセージを発信！
キャメレオン竹田の公式LINE QRコード

月星座占い　月を味方にすれば運命は変えられる

2018年 2月 9日　初版第1刷発行

著　者　キャメレオン竹田	イラスト　キャメレオン竹田
発行者　岩野裕一	アートディレクション　清水佳子（smz'）
発行所　株式会社 実業之日本社	デザイン　清水佳子（smz'）　高八重子

〒153-0044
東京都目黒区大橋1-5-1
クロスエアタワー 8階
電話（編集）03-6809-0452
　　（販売）03-6809-0495
http://www.j-n.co.jp/

印刷・製本　大日本印刷株式会社

©Chameleon Takeda　2018　Printed in Japan
ISBN978-4-408-33753-1（第一趣味）